国家发展与战略丛书

National Development and Strategy Series

文化治理与文化创新

Cultural Governance and Cultural Innovation

林　坚／著

中国人民大学出版社
·北京·

图书在版编目（CIP）数据

文化治理与文化创新/林坚著. —北京：中国人民大学出版社，2019.5
（国家发展与战略丛书）
ISBN 978-7-300-26502-5

Ⅰ.①文… Ⅱ.①林… Ⅲ.①文化事业-研究-中国 Ⅳ.①G12

中国版本图书馆 CIP 数据核字（2018）第 282260 号

国家发展与战略丛书
文化治理与文化创新
林 坚 著
Wenhua Zhili yu Wenhua Chuangxin

出版发行	中国人民大学出版社		
社　　址	北京中关村大街 31 号	**邮政编码**	100080
电　　话	010－62511242（总编室）		010－62511770（质管部）
	010－82501766（邮购部）		010－62514148（门市部）
	010－62515195（发行公司）		010－62515275（盗版举报）
网　　址	http://www.crup.com.cn		
经　　销	新华书店		
印　　刷	天津中印联印务有限公司		
开　　本	720 mm×1000 mm　1/16	**版　　次**	2019 年 5 月第 1 版
印　　张	12.25 插页 1	**印　　次**	2024 年 6 月第 2 次印刷
字　　数	176 000	**定　　价**	76.00 元

目　录

第一章　文化的定位：自觉与自信

“文化”概念极为复杂，人们的理解存在诸多差异。要对文化有一个清晰的定位，确立文化自觉与文化自信。

一、对文化的认知

对于文化的研究源远流长。文化与社会、人密不可分。

关于“文化”，有几百种定义，人们对文化的认知各有不同。

（一）文化的词源考察

英语中的“culture”（文化）一词来源于拉丁语“cultura”，而“cultura”源于“cultus”，“cultus”又是“colere”的过去分词形式。“colere（colo）”的基本含义是“耕种、培育；修饰、打扮；景仰、崇拜、祭祀”。英语中的“culture”原意为：耕种、居住、练习、注意、敬神，被用来隐喻人类的某种才干和能力，主要是指人类为使土地肥沃、种植树木和栽培植物所采取的耕耘和改良措施。在古希腊、罗马时代，这个词的含义转变为改造、完善人的内在世界、使人具有理想公民素质的过程。古罗马政治家西塞罗把文化一词引申为“耕耘智慧”(cultura mentis)。自15世纪以后，文化逐渐被引申使用，意为耕作、培养、教育、发展、尊重等，并进一步引申为培养一个人的兴趣、精神和智能，人们进而把对人的品德和能力的培养也称为文化。文化开始有了物质文化和精神文化的区分，但是为神学所遮蔽。18世纪，法国的启蒙思想家把文化看作与教养相联系的人的理性。沃费纳格、伏尔泰把文化称为训练和修养心智的结果。德国古典哲学用文化来说明其深奥的哲学、道德、生活、宗教、艺术等精神生活的内涵。1852年，纽曼把文化理解为“精神耕耘”（mental culture）、“智力耕耘”（intelle culture），这和教养、培养（cultivation）的意思相近。有关文化的专门研究，源于19世纪西方一些学者对原始社会的探索，他们是从社会学和人类学领域来理解文化的。

现代人认识到，文化是人的生存方式和生活方式。《牛津现代高级英汉双解辞典》的解释是：人类能力的高度发展，借训练与经验而促成的身心的发展；锻炼；（心理与精神的）修养；人类社会智力发展（指人文、科学等）的证据；文明；文化；一个民族的智力发展状况；某一特定形式的文化；某一会社、种族特有的文艺、信仰风俗，等等。①

在我国，文化一词的出现很早。《易经》卦辞中说：“文明以止，人文也。观乎天文，以察时变。观乎人文，以化成天下。”汉代许慎的《说文解字》有：“文，错画也，修饰也；化，教行也，变也。”这个文化的含义是顺应天象变化而形成的人的规范性的社会行为。在古代文字中，“文”与“纹”相通，其含义为条纹，条纹是宇宙世界变化过程中事物留下的形状印记，它暗含着上天变化积淀形成的或表现出来的规律性。在这个意义上，“纹”又通“理”，只不过“纹”侧重于天体变化，而“理”侧重于地上事物的变化。石器时代、青铜时代，器物上的装饰图案、符号就是“文”（“纹”），就是“色彩交错”、好看的“纹理”、文字符号等，推广开来就有“使……变得有条有理、合理、好看”的意

① 张芳杰. 牛津现代高级英汉双解辞典. 3版. 香港：牛津大学出版社，1984：288-289.

思。孔子把文和质、野对立起来使用。《论语·雍也》中载："质胜文则野，文胜质则史，文质彬彬，然后君子。"孔子还说："远人不服，则修文德以来之。"（《论语·季氏》）这里说的就是"以文服人""以文化人"。唐代李翱说："日月星辰经乎天，天之文也。山川草木罗乎地，地之文也。志气言语发乎人，人之文也。志气不能塞天地，言语不能根教化，是人之文纰缪也。"（《李文公集·杂说》）他认为人文是最重要的。进一步而言，人文在于作为人的发展所具有的规律性。当事物的发展变化，在人的行为中透视出来，并形成一定的定式时，便有了"文化"的含义。因此，中国的古籍中就有了"文"既指文字、文章、文采，又指礼乐制度、典籍、法律条文等的理解，在此基础上抽象出美、善、德这类外延，而"化"则有"教化""教行"的意思。"化"，甲骨文像两个人一正一反，表示一个事物的两个方面。化，本义为化易、生成、造化、变化等，引申为教化、风化、感化，就是"变、改变"，包括"使……（完全地）变成……"的意思。"观乎人文，以化成天下"就可以解释成"用人（文）化了的东西，来造就人的世界"。汉代刘向的《说苑》第一次把"文化"连用："凡武之兴，为不服也。文化不改，然后加诛。"它指的是"文治和教化"。晋束皙的《补亡诗·由仪》中说"文化内辑，武功外悠"，所谓"文化"是指文治修远和人伦教化。南朝王融的《三月三日曲水诗序》中有"设神理以景俗，敷文化以柔远"之说。这种意义一直延续到近代。中国古代曾经称天子管辖不到的地区为蛮夷之区，将没有接受文治教化的民众称为化外之民。天子对内施以文化，对外也以文化之。文化，其实就是"人化"和"化人"："人化"是指按人的方式改造整个世界，使任何事物都带上人文的性质；"化人"则是反过来，用这些改造世界的人文成果来提高人、装备人、造就人，使人的发展更全面、更自由。

文化一词的中西来源虽然不尽相同，但殊途同归。由于文化更多的是通过形而上的无形的精神属性来刻画的，所以它总是有点让人捉摸不透，各种表述层出不穷。

（二）文化的多种阐释

对于文化概念，中外学者从多方面、多角度进行了阐释。

1. 西方学者的定义

17 世纪，德国法学家 S. 普芬多夫首次提出“文化”是一个独立的概念，即文化是人的活动所创造的东西和有赖于人与社会生活而存在的东西的总和。

18 世纪，法国启蒙思想家伏尔泰等提出，文化是一个不断向前发展的、使人得到完善的社会生活的物质要素和精神要素的统一。

德国启蒙思想家赫尔德给文化的定位是：第一，文化是一种社会生活模式；第二，文化代表一个民族的精华；第三，文化有明显的边界，一个区域的文化区别于其他区域的文化。

康德认为，文化是“有理性的实体为了一定的目的而进行的能力之创造”，这种“创造”，是指人类在精神和肉体两个方面由受自然力统治的“原始状态”向统治自然力的状态的逐步发展；文化是一个过程，一种转变，一种生活方式和道德规范；文化从一开始就不属于个人，而属于整个民族和人类。

黑格尔认为，文化是人类劳动的结果，是人的内在本质力量的对象化，他把创造文化的活动归结为人的第二天性，第一天性是单纯动物的存在。①

据英国文化史学者威廉斯（Raymond Williams）考证，从 18 世纪末开始，“culture”一词的意思和用法发生了重大变化。他说：“在这个时期以前，文化一词主要指‘自然成长的倾向’以及——根据类比——人的培养过程。但是到了 19 世纪，后面这种文化作为培养某种东西的用法发生了变化，文化本身变成了某种东西。它首先是用来指‘心灵的某种状态或习惯’，与人类完善的思想具有密切的关系。其后又用来指‘一个社会整体中知识发展的一般状态’。再后来是表示‘各类艺术的总体’。最后，到 19 世纪末，文化开始意指‘一种物质上、知识上和精神上的整体生活方式’。”②

19 世纪中叶之后，文化人类学兴起，学者们对文化现象的认识有了新的突破。1871 年，英国人类学家泰勒的《原始文化》给文化下了

---

① 黑格尔. 历史哲学. 上海：上海书店出版社，2001：285.
② 韦森. 文化与制序. 上海：上海人民出版社，2003：9.

一个定义："文化或文明是一个复杂的整体，它包括知识、信仰、艺术、伦理道德、法律、风俗和作为一个社会成员的人通过学习而获得的任何其他能力和习惯。"这个定义主要以意识形态为内涵，把人类在社会发展过程中积聚起来的关于人的东西统称为文化，认为文化是特定生活方式的整体，包括观念形态和行为方式，为人们提供道德的和理智的规范。泰勒说："人类社会中各种不同的文化现象，只要能够用普遍适用的原理来研究，就都可成为适合于研究人类思想和活动规律的对象。一方面，在文明中有如此广泛的共同性，使得在很大程度上能够拿一些相同的原因来解释相同的现象；另一方面，文化的各种不同阶段，可以认为是发展或进化的不同阶段，而其中的每一阶段都是前一阶段的产物，并对将来的历史进程起着相当大的作用。"①

19 世纪下半叶到 20 世纪初，学者们主要从精神文化方面去认识文化，偏重于把文化看成人类精神现象——宗教、信仰、思维、心理、语言、艺术等的反映。

英国功能学派代表人物马林诺夫斯基认为，文化是"一个满足人的要求的过程，为应付该环境中面临的具体、特殊的课题，而把自己置于一个更好的位置上的工具性装置"②。这是价值认定性的定义，从文化的意义、功用方面对文化进行界定。

20 世纪 40 年代，E. 卡西尔把文化归结为符号的使用，他说："所有这些文化形式都是符号形式。因此，我们应当把人定义为符号的动物来取代把人定义为理性的动物。只有这样，我们才能指明人的独特之处，也才能理解对人开放的新路——通向文化之路。"③

美国文化人类学家 S. 南达认为："文化作为理想规范、意义、期待等构成的完整体系，既对实际行为按既定方向加以引导，又对明显违背理想规范的行为进行惩罚，从而遏制了人类行为向无政府主义倾

---

① 泰勒. 原始文化. 上海：上海文艺出版社，1992：1.
② 庄锡昌，等. 多维视野中的文化理论. 杭州：浙江人民出版社，1987：371.
③ 卡西尔. 人论. 上海：上海译文出版社，1985：33.

向发展。”① 这是行为取向性定义，强调文化的行为性和动力性，把文化视为一种具有动力特色的行为方式或生活方式。

1952 年，美国人类学家 A. 克罗伯和克鲁克洪在《文化：一个概念定义的考评》中，对文化的定义进行过统计，指出从 1871 年到 1951 年共有 166 种文化的定义。通过考察分析这些定义，他们把文化的定义大致划分为描述性的、历史性的、规范性的、心理性的、结构性的、遗传性的、不完整性的七大类，然后对文化下了一个综合的定义：“文化存在于各种内隐的和外显的模式之中，借助符号的运用得以学习与传播，并构成人类群体的特殊成就，这些成就包括他们制造物品的各种具体式样，文化的基本要素是传统（通过历史衍生和由选择得到的）思想观念和价值，其中尤以价值观最为重要。”他们认为文化是一个成套的系统，文化的核心是价值观念；文化系统既是限制人类活动方式的原因，又是人类活动的产物和成果。这个文化定义为现代许多学者所接受。

美国的怀特建立了文化学体系，1949 年在《文化的科学：人类与文明的研究》一书中指出：“社会文化系统是一个概念、工具、习俗、信仰等相互作用、彼此连接的庞大的网络。”② 英国的马修·阿诺尔德认为，文化是“对于完美的追求，一种对于思索与精神境界的向往……文化完全是企图接近那些完美、文雅和发展的事物”。

功能主义理论从社会结构、功能形态、社区文化等角度研究文化现象，对文化的认识从精神领域扩大到社会领域，包括从人类经济活动的角度来认识文化现象。第二次世界大战后，对文化的研究发生了两个历史性转折：一是由注重传统的乡土社会和未来开化社会转向注重现代都市社会，二是由传统农业文化转向现代工业文化。发展到今天，文化学的研究对象和研究领域扩展到社会生活的各个层面，包括人类的物质文化、制度文化、精神文化等各种文化现象。把政治活动、经济活动作为文化现象来研究，是当代文化学新发展的一个标志。文化研究越来越深入和形成体系。在全球化时代，人们对文化又有了新的认识。

---

① 南达. 文化人类学. 西安：陕西人民教育出版社，1987：46.

② 怀特. 文化的科学：人类与文明的研究. 济南：山东人民出版社，1988：177.

塞缪尔·亨廷顿指出："第一，文化可以指一个社会的产物，即人们所说的社会的高雅文化、艺术、文学、音乐和大众文化或者叫民间文化。第二，人类学者在一个更宽泛的意义上所说的文化，是指一个社会整个的生活方式、社会制度、社会结构、家庭结构以及人们所赋予它们的意义。第三，其他学者，尤其是政治学家，把文化视为某种主观的东西，意味着信仰、价值观、态度、取向、假定、哲学，即一个特定群体的世界观。"① 他认为文化的核心要素是语言和宗教。塞缪尔·亨廷顿指出："21 世纪是作为文化的世纪开始的，各种不同文化之间的差异、互动、冲突走上了中心舞台，这已经在各个方面变得非常清楚。在一定程度上，学者、政治家、经济发展官员、士兵和战略家们都转向把文化作为解释人类的社会、政治和经济行为最重要的因素。"

英国学者威廉斯在《文化分析》中列出了"文化定义的三个分类"：(1) 文化的"理想"定义，即把文化看作人类完善的一种状态，是智慧、精神和美学的一个总的发展过程，认为文化是伟大传统中的最优秀的思想和言论；(2) 文化的"文献式"定义，即文化是有记录的文化作品和活动；(3) 文化的"社会"定义，即文化是对一种特殊生活方式的描述，不仅表现艺术和学问中的某些价值和意义，而且表现制度和日常行为中的某些价值和意义。② 他认为，任何充分的文化理论都必须包括这些定义所指向的三个事实领域，它们应当作为文化的完整形态而呈现。

1982 年，联合国教科文组织在墨西哥城举行的第二届世界文化政策大会上，给文化下的定义是："文化在今天应被视为一个社会和社会集团的精神和物质、知识和情感的所有与众不同显著特色的集合总体，除了艺术和文学，它还包括生活方式、人权、价值体系、传统以及信仰。"

1998 年，联合国教科文组织在《文化政策促进发展行动计划》中

---

① 亨廷顿．再论文明的冲突．新华文摘，2003 (5)：160.

② WILLIAMS R. The analysis of culture//STOREY J. Cultural theory and popular culture：a reader. 2nd. Hemel Hempstead：Prentice Hall，1998：48.

指出："发展可以最终用文化概念来定义，文化的繁荣是发展的最高目标。""文化的创造性是人类进步的源泉。文化多样性是人类最宝贵的财富，对发展是至关重要的。"

2001 年 11 月 2 日，联合国教科文组织大会第 31 届全体会议通过的《世界文化多样性宣言》指出：应把文化视为某个社会或某个社会群体的特有的精神与物质、智力与情感的不同特点之总和，除文学艺术外，还应包括一个社会的生活方式、处世哲学、价值体系以及传统与信仰等。"各国应在相互信任与理解氛围下，尊重文化多样性。宽容、对话及合作是国际和平与安全的最佳保障之一。""文化在各不相同的时空中会有各不相同的表现形式。这种多样性的具体表现形式，便是构成各人类群体所具有的独特性和多样性。文化的多样性是交流、革新和创作的源泉，对人类来说，保护它就像保护生物多样性进而维护生物平衡一样必不可少。从这个意义上讲，文化多样性是人类的共同遗产，应当从当代人和子孙后代的利益考虑予以承认和肯定。"

2001 年，联合国开发计划署在《人类发展报告》中指出："人类发展涉及创造一种环境，在这种环境中民众可以充分实现他们的潜力并导向同他们的需要和利益相一致的建设性的和创造性的生活。人民是各国的真正财富。发展的目的是实现民众所珍视的生活而扩大他们的选择。"

关于文化，流行的说法还有：(1) 人类实践和信仰的积累；(2) 一种信仰的模式，铸就了社会中每一个人的人格；(3) 一种思想和实践的系统；(4) 一种无意识的结构，它产生人类的思想和行为；(5) 一种在社会交往中起作用的共同的信号；(6) 人类适应自然的一种体系；(7) 一种活生生的有机体；(8) 展示人之本质的符号系统。

2. 中国学者的论述

梁漱溟认为："所谓文化不过是一个民族生活的种种方面。总括起来，不外三个方面：(一) 精神生活方面，如宗教、哲学、艺术等是。文艺是偏重于感情的，哲学科学是偏重于理智的。(二) 社会生活方面，我们对于周围的人——家族、朋友、社会、国家、世界——之间的生活方法，都属于社会生活一方面，如社会组织、伦理习惯、政治制度及经济关系是。（三）物质生活方面，如饮食起居种种享用，人类对于自然界求生存的各种是。”① 他是从民族生活的角度对文化加以阐释的。

陈序经在《文化学概观》中介绍了各种关于文化的定义，如文化是文学、文雅、道德、美术、学术、精神、进步、能力等。他认为，文化不外是人类为了适应自然现象或自然环境而努力利用这些自然现象或自然环境的结果。②

冯天瑜等人在《中华文化史》中提出，文化就是人类化，是人类为了生存，将自然人化、人类化、对象化的过程及其产生物质精神文明的总和。③

李汉林提出，可以将文化理解为具有器物特征、艺术特征和认知特征的复杂集合体，它隐含在各种不同的社会制度中，融化为人们的价值观念和行为规范，从而形成了一个特定社会群体或特定社区的生活方式，制约着人们的社会行为。④ 文化的器物特征主要是指人们因生存或求知的需要，应用或采用特定的工具或器物。一些物质文化当中，凝结着一个民族精神文化的魅力，而精神文化在一定的条件下也只有通过物质文化才能体现出存在的价值。

郭湛认为，文化是人类社会的特征和实质，文化最突出的特征或最具有根本性的内容是生活方式、行为方式和意识方式，概括说来就是人的活动方式，而在这种活动之中内含着人的价值追求。文化在本质上是相对稳定的人为的程序和为人的取向的统一。文化是一种人为的程序，文化程序由取向引导，文化取向是为人的，文化以人为中心，文化具有稳定性与变动性。⑤

罗长海认为，文化是人对环境挑战所做的回应，包括应战的过程和

---

① 梁漱溟．东西文化及其哲学//梁漱溟全集：第1卷．济南：山东人民出版社，1989：339.

② 陈序经．文化学概观．北京：中国人民大学出版社，2005：28.

③ 冯天瑜，等．中华文化史．上海：上海人民出版社，1990：26.

④ 李汉林．科学社会学．北京：中国社会科学出版社，1987：233.

⑤ 郭湛．文化：人为的程序和为人的取向．中国人民大学学报，2005（4）.

结果，以及在应战过程中逐步发展起来、在应战结果中充分显示出来的人的本质力量。① 文化就是人化，是“人的本质力量”的形成和显现，是人性形成和完善的过程。

蔡俊生等学者这样界定文化：“如果把人类社会看做一个向自然开放的系统，那么这个系统的信息控制机制就是文化。也就是说，文化的本质是社会信息。”②“文化是由共识符号系统载荷的社会信息及其生成和发展。”③

文化研究成为多学科共同关注的热点，是哲学、美学、文学、艺术学、社会学、人类学、民族学、伦理学、政治学、历史学、传播学、文献学，甚至经济学、法学所共同关注的对象。它的出现是社会转型的产物，是文化在当代世界社会生活中地位相对经济、政治发生了重大跃升的产物，是人文社会领域的范式危机、变革，需要打破传统学科界限，重新确定学科研究对象、厘定学科内涵与边界的产物。学科的划分起因于人认识把握对象的需要，它是一种主体的假设，一种筹划或投射，一种框架的设定或到达对象的途径、角度的选择。文化研究本质上的多样性，呼唤人文社会学科的“综合治理”——形成由不同学科切入，遵循不同学科方法进行研究的多元话语方式。④ 文化不是自然生成的，而是长期的、人为的结果，文化的存在和流传有着自己的规律和特征。对于文化的研究，必须具备多学科视野。

目前，关于文化的定义已有数百种，但文化的定义仍是一个悬而未决、争论不休的问题。基于不同的学科和不同的视角，对文化现象进行分析考察所得出的观点自然就不会相同。归纳起来，大体可以划分为广义和狭义两种。广义的文化是指人类创造的一切物质产品和精神产品的总和。狭义的文化专指语言、文学、艺术及包括一切意识形态在内的精神产品。

---

① 罗长海. 创新文化与企业创新价值观的塑造. 中国人民大学学报，2005（4）.

② 蔡俊生，陈荷清，韩林德. 文化论. 北京：人民出版社，2003：9.

③ 同②31.

④ 金元浦. 文化研究：学科大联合的事业. http://www.culstudies.com.

具体一点说，文化是特定的人群或组织于一定的环境中，从生存与发展的需要出发，通过创新发展起来的一套模式，这套模式中的社会成员有着共同的心理习惯、思维定式、人生态度、工作方式等，以价值观念为核心，通过学习、认知等社会行为，彼此沟通和融合。文化是指人的生存、生活方式及其所追求的价值，表现于人们实际“所思、所言、所为”之中。

二、文化的特性

文化的内涵极其丰富，而且随着社会发展，其内容也相应地发生改变，从而造成了文化定义的多样性。实际上，每一种定义包含着对文化特性的概括。因此，选择不同的观测点，关于文化特性的见解也就不相同。

美国人类学家克莱德·克鲁克洪等在《文化与个人》一书中对文化的特性做了一些总结：(1) 文化是学而知之的。(2) 文化是由构成人类存在的生物学成分、环境科学成分、心理学成分以及历史学成分衍生而来的。(3) 文化具有结构。(4) 文化分隔为各个方面。(5) 文化是动态的。(6) 文化是可变的。(7) 文化显示出规律性，它可借助科学方法加以分析。(8) 文化是个人适应其整个环境的工具，是表达其创造性的手段。①

在《中国大百科全书》中，文化的本质被归为五个方面：(1) 文化是在人类进化过程中衍生出来或创造出来的。自然存在物不是文化，只有经过人类有意无意加工制作出来的东西才是文化。(2) 文化是后天习得的。文化不是先天的遗传本能，而是后天习得的经验和知识。(3) 文化是共有的。文化是人类共同创造的社会性产物，它必须为一个社会或群体的全体成员共同接受和遵循。(4) 文化是一个连续不断的动态过程。文化既是一定社会、一定时代的产物，是一份社会遗产，又是一个

---

① 克鲁克洪，等. 文化与个人. 杭州：浙江人民出版社，1986：5-6.

连续不断的累积过程。(5) 文化具有民族性和特定的阶级性。

文化的特性可以从以下方面去认识：

第一，文化的核心是价值观。

这是一定社会群体与组织的共同价值观念，它以隐性方式贮存于一定的社会群体与组织，绝不会因为构成其中的个体分离而走样。价值观是文化最核心的部分，它外化为人的行为规范，使人在采取行动时沿着一定的模式或定式进行。价值观还可以通过人的行为方式，进一步与外界事物发生作用，从而物化，形成物质财富。

第二，文化的超自然性。

超自然性是指文化深深地烙上了人的智力的印记，超越了自然界本身，这种超越不仅指超越自然事物，而且包括超越人的本能。

第三，文化的根本在于人化。

凡是人化了的东西就是文化，这既包括外在自然的人化，也包括内在自然的人化。文化使人人化，使人成为人，用人文来教化人。人的实践活动，使人从纯粹的、自然意义上的生物人发展成为人类的人、社会的人。而人的进一步教化，又使人从某一种文化分化出新的文化。人化还是化人，即把非属人的东西转化为人的东西，把非人的属性转化为人的属性。文化的流传是通过人本身的再生产即人的生命的世代延续实现的。文化是一定人群的思维模式和行为模式。人创造了文化规范，又用文化规范来制约自己。

文化是由人的实践建构起来的，是满足需求的一种方式。文化首先是人与自然互动建构的产物，其次是人受自然引导而进一步建构发展的产物，再次是社会发展与人相互作用、建构的产物，最后是文化自身内在演化、建构的产物。这种建构体现了主体与客体、过程与结果、手段与目标、形式与内容的统一。因此，文化是人类实践活动的各种过程、方式和成果的复合整体，包括人的心智的内在塑造和外在世界的构建。人用精神文化、制度文化来满足群体生活的需求。

第四，文化的社会性，又称超个体性、整体性和联系性。

文化具有超个体性，意味着文化是通过社会群体来积累与传播的。

文化是社会关系，也反映在社会结构之中。社会结构积淀着文化，而文化则通过社会结构反映出来。人作为社会的要素，构成了社会结构，社会结构是具体的社会组织，比如家庭、氏族、政府部门等，但文化则通过这些社会组织所映射出来的社会关系来体现，比如儒家文化所宣扬的父子关系是文化。

文化附着于社会，不同的社会有不同的文化。社会通用的符号系统则是每个人享用人类文化的工具。

文化具有整体性，是一定的人类共同体对形形色色的文化个性进行整合的结果，也即文化同一性、统一性。

第五，文化体现在象征、符号和语言之中。

象征、符号和语言都是文化的替代物，它们当中有文化，但文化不是象征、符号和语言，而是积淀在这些替代物中。象征、符号和语言把人与人联结起来，进而使潜在其中的文化又渗透到不同的个体中。人们依靠这套替代物来表达文化的价值观念，相互沟通，延续彼此对生存与发展的态度和知识。

第六，文化的时间性、动态性。

文化的时间性，是指文化发展中的持续性、绵延性或阶段性、间断性。文化是在一定的时间中形成、存在和延续的，其纵向特性包括：(1) 文化在量上的累积和延续。(2) 文化在质上的变异和区分。随着时代发展，文化会增加一些新内涵，即发生变异。(3) 文化特质在流变过程中的暂时性或长久性。文化在人类的世代繁衍中与时间同行。文化在时间中表现出保守与变革的统一，是在连续性中的发展。

从词性上看，甚至在定义上，人们大多把文化作为名词，或从名词上理解，其实这仅仅是文化个性，而不是文化共性。文化共性是文化的动态性，即文化还是一个动词，只有把文化看作动态的，文化的深刻含义才能被挖掘出来。因此，并不存在实证论的、实体的、一成不变的、终极实现的文化，而只有存在论的、功能的、发展变化的、日趋丰富的人的文化。人文进化无论对于个体还是对于组织或群体，都处在不断的流动之中。余秋雨说：“不要认为出土文物、历史文献等是文化，准确地说，这些是文物；文化是创新，是活的源泉，是现实生活中的思想意识流。”李鹏程指出：“所谓‘传统’‘旧文化’都不是以‘过去’的方式存在着，而是以现时态的方式存在着，它们不是存在于过去，而是存在于现代之中，存在于现代人们的行为方式、思维方式之中，存在于我们的实践状态和精神状态之中。”①

第七，文化的空间性。

文化的空间性是指文化发展中的地区性和广延性。人总是生活在一定的空间中，文化的空间性包括文化与生态环境和社会人文环境的关系，涉及文化在空间的发源、传播，而物质文化的成果占据一定的空间，非物质文化也有一定的空间分布，还有文化与地域的关系，也需要从空间上考察。

第八，文化的环境适应性和传承性。

文化是适应环境的方式，从根本上说源于创新。人靠文化来适应环境，又用文化来改造环境。只有创新，才能创造文化，这是文化产生的必要条件，但不是充分条件。创新在于创造一种新的实践行为，其目的在于提高人类认识自然、改造自然的效率。具体来说，其目的在于提高人的实践活动的效率，一旦有高效率的创新实践活动出现，就有可能产生模仿，而模仿则使人们从这种高效率的实践中获得更多的收益，久而久之，就形成习惯，这样自然而然就有了文化。因此，文化的起源是讲理性的，而已形成的文化却往往难以体现出这一点，更多是让其承继者接受它，以自发的方式来学习、传播、扩散等。从后来者的角度来说，文化是习得的。

文化的传承性是指其累积，或历史继承性。任何时代的文化，都是在前代文化的基础上形成和发展起来的。正是通过世代积累，人类文化才变得日益丰富和进步。

第九，文化具有一定的独立性和稳定性。

文化的产生和发展都有一定的独立性，依赖于自身的积累，表现出

① 李鹏程．当代文化哲学沉思．北京：人民出版社，1994：383.

一定的稳定性和独立性。而且，对于人来说，文化是一种外在的力量，具有独立存在的意义。文化的稳定性即恒久性，通过过去与现在的延续性来体现，以传统为基础，世代相传，绵延不绝。

第十，文化具有明显的自组织性。

在一定的社会环境中，文化通过习惯自发地使人的各种社会行为沿着一定的规范前进，或以一定的规范自发地采取社会行动。文化正是通过它所具有的社会关系，使有共同文化基础的人聚集在一起，形成各式各样的社会组织，从事某类或某种行为，从而形成相对有序的行为结构体系。文化使众多的人的相互作用表现出非线性特征，而这种非线性相互作用又使人与人相互作用而构建成为整体，凝聚成为功能巨大的社会力量。

第十一，文化的民族性、差异性和多样性。

文化的民族性是指一定的民族在历史上所形成的区别于其他民族的文化特殊性，如生活方式、习俗、语言、思维方式、心理、性格以及宗教、礼仪、制度、艺术风格等。

文化的差异性是指不同的地区、不同的民族的文化差别，涉及地域、历史及心理等方面的差异，主要表现为人类信仰和行为的差别。

文化具有多样性，也即多元化特征，有多种多样的模式。

第十二，文化有极强的柔性和包容性。

文化有自身演变与发展的趋向和内在的结合力，这一力量使任何一种外来的力量或文化，想要取代或置换一种文化所受到的阻力，甚至比一场战争大得多。一个国家可以取得一场战争的胜利，却不能征服这个国家的文化，有时还会反过来，为战败国的文化所同化。文化也具有包容性，能够融汇各方的多种要素。

刘守华等人在《文化学通论》中认为，文化具有普遍性、永恒性与民族性、阶级性和时代性。所有人类活动的时空都存在文化，这是文化的普遍性和永恒性。与此相对应，在具体的活动中，不同的民族有不同的文化。同时，文化与一定的阶级与阶层相联系，具有阶级性。此外，随着时代的发展和社会的进步，文化还不断地改变它的形式和内容，具有鲜明的时代性。

文化还具有政治性、经济性、社会性以及极强的渗透性、持久性，这些都值得研究。

三、文化自觉与文化自信

（一）文化自觉

“文化自觉”概念最早是民国时期由晏阳初提出来的。他在《十年来的中国乡村建设》中说：“乡村建设运动当然不是偶然产生的事，它的发生完全由民族自觉及文化自觉的心理所推迫而出。”

费孝通对文化自觉做了系统阐述，他说：“文化自觉，意思是生活在既定文化中的人对其文化有‘自知之明’，明白它的来历、形成的过程、所具有的特色和它发展的趋向。自知之明是为了加强对文化转型的自主能力，取得决定适应新环境、新时代文化选择的自主地位。”① 他强调自知之明、自主地位，即自知、自主，这是文化自觉的两个相互关联、互为依存的方面。

文化自觉是人们对文化的自我觉醒和觉悟，是在文化发展到一定的高度，人们对文化发展具有高度的责任感的情况下对文化整体的一种反思。文化自觉建立在理性的基础上，是对文化在社会生活中的地位和作用的深刻认识、对文化发展方向和规律的主动把握、对文化发展责任的果敢担当。任何一个民族要自强，都必须有文化自觉和文化自信。中国传统文化有一个突出的特征，就是自省，即具有高度的自觉意识。

文化自觉的内容，就是了解自身文化的来龙去脉、真实情况、发展对策、与外来文化的相互关系等。文化自觉包含理智、知性、宽容、反思等意蕴，表现为自主、自知、自觉与自信。一方面，文化自觉是尊重和理解传统文化，主动自觉地维护一种文化的历史和传统，使之得以发

① 费孝通. 中华文化在新世纪面临的挑战//方克立，等. 中华文化与二十一世纪. 上卷. 北京：中国社会科学出版社，2000：2.

扬光大，并面向现代对传统文化进行创造性的转换。另一方面，文化自觉是对外来文化的“兼容并包”态度，是对世界的历史、对不同文化通过比较综合的宏观思考而进行的自省，推动自身与其他文化展开对话和交流，互补共进；了解全球化需要遵守的行为秩序和文化准则，了解本民族文化可能对世界的未来发展做出什么贡献。世界是多元的，文化多元化是人类社会的基本特征。不同的民族和国家，其文化自觉的要求也不同。

文化自觉的方法和途径，包括学习、反思、传承、选择、研究、创新、推介、交流等，既要反对文化复古主义，也要反对文化虚无主义；既要反对文化“西方中心论”，也要反对文化“东方中心论”，必须实事求是地对待自身的文化和其他文化。它还表现在增强文化转型和文化改造、文化创新的自主能力方面。“创造一个新的文化的发展，也就是以发展的观点结合过去同现在的条件和要求，向未来的文化展开一个新的起点。”

文化自觉包含过去、现在、未来的方向。文化自觉的目的，是实现民族文化由传统到现代的转型，增强民族文化的适应力、生存力、发展力、创新力，提升民族文化在世界文化中的地位和作用。费孝通还提出：“各美其美，美人之美，美美与共，天下大同。”其意就是“形成一个文化共同体，一个多元一体的国际社会”。

各美其美，就是知道自己的文化长处、精华。文化美离不开历史的积淀。这是讲文化反思和自持。

美人之美，就是以“海纳百川，有容乃大”的气度，看到其他文化的优点，并欣赏和学习。文化自觉要求人们以别国的文化状况和全球性文化的总体趋势为参照系，审慎分析自身在其中的能量和地位，更好地确立民族文化发展的方向，与世界文化潮流保持一致。

美美与共，就是文化共存和文化多元，保护文化多样性，共生共荣，共同发展。

天下大同，则是指文化发展的前途。大同，就是文明昌盛、繁荣富强、人民幸福，这是社会前进的方向。在大同社会，文化并不是单一的，体现了“和而不同”。

费孝通还指出："文化自觉是一个艰巨的过程，只有在认识自己的文化，理解并接触到多种文化的基础上，才有条件在这个正在形成的多元文化的世界里确立自己的位置，然后经过自主的适应，和其他文化一起，取长补短，共同建立一个有共同认可的基本秩序和一套多种文化都能和平共处、各抒所长、联手发展的共处守则。"

英国学者汤因比在《历史研究》中曾提出"文化自决"的观点，认为任何个人、民族、文明体的文化自决都是相当有作用的。文化自觉与文化自决是相联系的，在自觉的基础上自决，采取明智的措施，决定发展的方向。

文化自觉，意味着逐渐认识到文化除了意识形态属性以外，还具有产业性、经济性；作为基本的权益，文化不应是少数人的享受，而是广大民众共享的利益。文化权益是人的重要的基本权益，包括读书看报、听广播、看电视、参观展览、进行公共文化欣赏等活动。

文化自觉是一种内在的精神力量，是一种深刻的文化思考，是一种广阔的文化境界，也是一种执着的文化追求，是对文明进步的强烈向往和不懈求索。

文化自觉意识如果在社会大众中得到普及，人们能够通过自己的理性判断优劣，去粗取精，去伪存真，选择顺应时代潮流、富有活力的文化形态，就说明一个民族、一个国家在文化发展上有了质的提高。

文化自觉，意味着既要认识文化的优势，也要看到其不足之处。

随着社会主义市场经济的深入发展和对外开放的不断扩大，文化赖以生存和发展的经济基础、体制环境和社会条件发生了深刻变化。文化体制与人民群众日益增长的美好生活需求、全面建成小康社会的目标任务不相适应，与完善社会主义市场经济体制、进一步扩大对外开放的新形势不相适应，与依法治国、加快社会主义法制建设的环境不相适应，与高新技术在文化领域迅猛发展和广泛应用的趋势不相适应。文化体制的突出问题和矛盾主要有：第一，一些地方和单位对文化建设的重要性、必要性、紧迫性认识不够，文化在推动全民族文明素质提高中的作用亟待加强；第二，多头管理，条块分割，政出多门，致使文化产业链条断裂；第三，一些领域道德失范、诚信缺失，一些社会成员人生观、价值观扭曲，用社会主义核心价值体系引领社会思潮更为紧迫，巩固全党全国各族人民团结奋斗的共同思想道德基础任务繁重，舆论引导能力需要提高，网络建设和管理亟待加强和改进；第四，有影响的精品力作还不够多，文化产品创作生产引导力度需要加大；第五，公共文化服务体系不健全，城乡、区域文化发展不平衡；第六，文化产业规模不大、结构不合理，束缚文化生产力发展的体制机制问题尚未根本解决；第七，文化“走出去”较为薄弱，中华文化国际影响力需要进一步增强；第八，文化人才队伍建设急需加强，缺少专业复合型人才。这些情况说明，文化建设的任务极其繁重艰巨，只有不断深化文化体制改革，推进文化改革发展，促进文化事业全面繁荣和文化产业快速发展，才能激发创造活力，推动文化大发展大繁荣。

提高文化自觉，就要增强建设社会主义先进文化的使命感，增强满足人民群众日益增长的文化需求的紧迫感，增强维护中华民族文化安全的危机感。同时，只有真正了解世界文化，保持文化多样性，实现多元共荣，才能创造出绚丽的文化图景。

（二）文化自信

文化自信，来自对中国传统文化的重新估价和认同，表现为维护民族文化传承，抵抗文化霸权。中华文化在世界上显现活力和影响力，表明它具有再生能力，能够与时俱进，走向现代化，同时保持自己文化的性格、特色、身份和魅力。

当代中国文化发展包括三个方面：中华传统文化的现代化，是当代中国文化的深厚基础；西方现代文化，是当代中国文化的有益补充；马克思主义，是当代中国文化的主导思想。要大力发展先进文化，坚决抵制腐朽文化，努力改造落后文化，形成主流文化、精英文化、大众文化共生共荣的文化生态。

文化是一个民族的精气神，代表一个国家的形象。认识一个民族和国家，只有通过其文化才能得到深刻的、本质的了解。我国正处在一个新的发展阶段，站在一个新的历史起点上。新的形势和任务要求我们推进社会主义文化的建设和发展。加快文化事业和文化产业发展，是加快社会主义现代化建设的内在要求，是提升我国综合国力的迫切需要，是实现经济、政治、文化、社会、生态协调发展，构建社会主义和谐社会，建设社会主义文化强国的重要内容。

文化是国家的软实力。文化是一个民族的灵魂，是推动经济发展的重要支撑，是综合国力的重要组成部分，同时代表着一个国家和民族的文明程度、发展水平与高度。

当代中国进入了全面建成小康社会的关键时期和深化改革开放、加快转变经济发展方式的攻坚时期，文化越来越成为民族凝聚力和创造力的重要源泉、越来越成为综合国力竞争的重要因素、越来越成为经济社会发展的重要支撑，丰富精神文化生活越来越成为我国人民的热切愿望。文化作为社会历史发展的一个重要方面，作为人们的一种生活存在方式，有着从低级到高级、从简单到复杂、从相对贫乏到不断丰富的发展演进过程。全面建成惠及十几亿人口的更高水平的小康社会，既要让人民过上殷实富足的物质生活，又要让人民享有健康丰富的文化生活。在新的历史起点上深化文化体制改革、推动社会主义文化大发展大繁荣，关系实现全面建成小康社会奋斗目标，关系坚持和发展中国特色社会主义，关系实现中华民族伟大复兴。

在机遇和挑战并存的历史条件下，不断提高建设社会主义先进文化的能力，是摆在我们面前的重大战略课题。只有充分认识文化的本质，进行正确的定位和定向，认识到文化建设的重要性和紧迫性，增强责任感和使命感，不断推进文化体制改革，进一步解放和发展文化生产力，我们才能切实提高建设社会主义先进文化的能力，大力发展繁荣社会主义文化，努力铸造中华文化的新辉煌，为激励人民奋勇前进提供强大的精神动力和智力支持。

我们必须抓住和用好我国发展的重要战略机遇期，在坚持以经济建设为中心的同时，自觉把文化繁荣发展作为坚持发展是硬道理、发展是党执政兴国第一要务的重要内容，作为深入贯彻落实科学发展观的一个基本要求，进一步推动文化建设与经济建设、政治建设、社会建设以及生态文明建设协调发展，更好地满足人民精神需求、丰富人民精神世界、增强人民精神力量，为继续解放思想、坚持改革开放、推动科学发展、促进社会和谐提供坚强的思想保证、强大的精神动力、有力的舆论支持和良好的文化条件。

要以科学发展为主题，以建设社会主义核心价值体系为根本任务，以满足人民精神文化需求为出发点和落脚点，以改革创新为动力，发展面向现代化、面向世界、面向未来的，民族的科学的大众的社会主义文化，培养高度的文化自觉和文化自信，提高全民族文明素质，增强国家文化软实力，弘扬中华文化，提升中华文化在世界上的影响力，努力建设社会主义文化强国。

习近平总书记在《一个国家、一个民族不能没有灵魂》一文中说："一个国家、一个民族不能没有灵魂，作为精神事业，文化文艺、哲学社会科学当然就是一个灵魂的创作，一是不能没有，一是不能混乱。""一切有价值、有意义的文艺创作和学术研究，都应该反映现实、观照现实，都应该有利于解决现实问题、回答现实课题。"①

文化研究与人们的现实生活密切相关，有许多课题需要研究。

① 习近平．一个国家、一个民族不能没有灵魂．求是，2019（8）．

第二章　文化的定向：结构与功能

文化是社会系统的一个子系统，具有复杂的结构、多种模式和类型。我们需要了解文化的形态、演化及功能。

一、从社会系统看文化

我们着眼于社会系统来考察其中一个子系统——文化系统。

社会系统包括社会的所有方面，是一切社会关系的总和。人类实践活动的对象化促使社会形成经济结构、政治结构和文化结构，三者的有机结合构成社会的宏观结构。马克思在《〈政治经济学批判〉序言》中阐述了关于社会结构的理论，他说："人们在自己生活的社会生产中发生一定的、必然的、不以他们的意志为转移的关系，即同他们的物质生产力的一定发展阶段相适合的生产关系。这些生产关系的总和构成社会的经济结构，即有法律的和政治的上层建筑竖立其上并有一定的社会意识形式与之相适应的现实基础。物质生活的生产方式制约着整个社会生活、政治生活和精神生活的过程。"① 马克思明确揭示了社会结构的三

① 马克思，恩格斯．马克思恩格斯选集：第 2 卷．2 版．北京：人民出版社，1995：32.

个基本层次：社会经济结构（生产关系的总和）、社会政治结构（法律的和政治的上层建筑）、社会文化结构（各种社会意识形式）。毛泽东说：一定的文化是一定社会的政治和经济的反映，又给予伟大影响和作用于一定社会的政治和经济。

概而言之，社会大系统分为三个子系统——政治系统、经济系统、文化系统，它们在社会中的地位和所占有的资源不一样。

要将文化与社会状态联系起来，从广泛的意义上来理解文化，即从社会生活的多层次、多角度来理解文化，而不是做过于狭隘的理解。

在社会存在系统中，文化主要表现为科学文化、教育文化和思想文化。科学文化产出的是带有创新特征的知识，教育文化产出的是具有科学知识和技能的人，思想文化产出的是思想观念。

事实上，文化正是一个民族的精气神，是一个国家的形象和名片。认识一个民族和国家，只有通过其文化才能得到深刻的、本质的了解。脱离了文化特征，一个民族和国家就失去了灵魂。

文化涉及的领域众多，范围广泛。就现实状况来看，经济系统作为社会的物质基础，占有举足轻重的地位。政治系统具有决策权，决定着社会制度及政策。而文化系统没有受到应有的重视。有人甚至认为，政治、经济、军事、科技、环境等都是具体的、有形的，而文化却是抽象的、无形的，可以赏玩，但似乎没有实际价值，并非须臾不可离开的。这是一种错误的认识。

《通向国际新发展的策略》中指出："发展不仅仅是一个经济和政治的概念，更是一个基本的文化和文明的进程。"①

英国学者保罗·杜盖伊等指出："现在好像越来越难以离开'文化'。过去几乎只与'艺术相连的文化'一词现在流行于最不可能的地方。例如，在看起来最'物质'的商业与经济领域，'文化'的地位正变得日益重要。"② 他们分析道，形成"文化爆炸"的原因主要有两个：一是实际存在（牵涉经验性问题的）原因，特指存在于我们社会生活各

① 谢弗．文化引导未来．北京：社会科学文献出版社，2008：240．

② 杜盖伊，等．做文化研究：索尼随身听的故事．北京：商务印书馆，2003：1．

方面的文化风俗习惯所发挥的日益重要的作用；二是认识论的原因，以往人们认为文化发展所涉及的是一些看起来不那么有形的事物——符号、图像、语言、信仰，因而不可能给人们提供有根据的“真实的”知识。他们甚至认为，所有的社会实践在实质上都属于文化范畴，文化的记述和分析对于丰富社会学知识而言正变得越来越重要。①

另一位英国学者 E. 柯尼施认为，在世界历史发展过程中，最重要的动因不是物质、政治、经济、军事，而是一种起着文化先导作用的观念。他在《未来研究》一书中指出：人们往往不是由于缺乏力量工具或者金钱，而是由于缺乏观念——文化的观念。人们很难认识到观念的力量，因为它们是无形的、难以估价的。只有用人类智力的血液换来的文化精髓才能构成这种推动历史发展的强大动力，才可以转换为一种为生产的规模奠基的智力的资本。

法国学者丹纳在《艺术哲学》中说：“有一种‘精神’的气候，就是风俗习惯与时代精神，和自然界的气候起着同样的作用……必须有某种精神气候，某种才干才能发展……精神气候仿佛在各种才干中作着选择。”②

美国学者麦克莱兰说：“经济与社会发展速度的最后决定因素是价值、动机或心理力量。”

在社会系统中，文化与经济、政治相互作用，不可偏废。近年来，文化的地位得到了极大的提高，被视为与经济和政治的发展进程一样，是现实社会的组成部分。

二、文化结构和模式

文化系统是由诸多要素组成的有机整体，存在层次结构和不同的类型、模式。

---

① 杜盖伊，等. 做文化研究：索尼随身听的故事. 北京：商务印书馆，2003：1-2.

② 丹纳. 艺术哲学. 郑州：河南人民出版社，1998：59.

（一）文化结构

文化结构，主要指文化系统内部诸要素及其组成的子系统相互联系、相互作用的方式和秩序。

文化是一个多重复合系统，具有复杂的层次结构。

有人将文化分为大文化、中文化、小文化。大文化即广义文化，是人类改造客观世界和主观世界的活动及其成果的总和，包括物质文化和精神文化。中文化主要体现为人的精神活动及其成果，如语言文字、思想道德、科学理性、文学艺术、社会习俗，以及制度体系文化等。小文化则含义较为狭窄，主要指语言文字、文学艺术等。

李德顺把文化分为几个层次："最'小'的文化概念，常常作为'知识'的同义语出现在老百姓的话语中。说某人'有文化'，就是指他上过学，受过正规教育，识文断字，懂得一定的科学知识等。稍'小'些的文化概念，是一个行政操作性的概念——'文化工作'，具体说就是国家文化部和归它管的那些领域和部门。这里不仅不包括经济、政治和军事，而且也不包括科学、理论和教育等在内。这种意义上的'文化'，多半指'文学''文艺''文物'等。'中'档的文化概念是一个一般性的学术概念，即指'精神文化'，包括科学、理论、教育、文艺、政治、道德、宗教等，总之是人的整个精神生活领域。人们通常所谈论的文化，多是指这个层面，所谓'文化人'也多半指在这些领域中的人。'大'文化概念包括物质文化、精神文化、制度文化等。它把人类社会的物质、精神、制度都纳入文化考察的视野，就等于把全部人类社会及其历史作为文化的载体和形态，就等于宣布'凡是人的、与人有关的一切，都是文化问题，都是文化的范围！'这种全方位的外延，一方面给人提供了方便，可以在任何领域发现'文化'、划分和命名文化的类型；另一方面也就降低了外延划分的意义——'什么都是文化，就什么也不是文化！'"①

① 李德顺. 文化是什么. 深圳特区报，2000-03-05.

或者说，文化分为三层：最核心的是价值观和精神层面；中间包括文化行为和制度层面；最外围和广义的是与人有关的一切事物和形态，也就是经过人的改造、利用或创造的东西。

从文化创造的角度看，一般先进行学术层面的开辟和研究，当它被统治集团采用后，即形成一整套体现这一思想的政治、律令、制度等，然后通过教化，贯彻到全体民众之中，自觉或者被迫形成一系列上行下效、以整体一致为目标的，包括社会伦理、道德规范、礼仪礼节、民风民俗、生活习惯、价值观念等在内的行为文化。而从思想文化到制度文化再到行为文化的结构一旦形成，也就有了民族意识的深层结构，或者说文化积淀。文化心理结构由表层结构、中层结构和深层结构组成。

（二）文化类型

文化类型是文化类别在形态上的样式，涉及文化的不同层次，如价值观念、思维方式、心理状态、精神风貌等。

按不同的角度，对文化类型有不同的划分，主要有“二分法”“三分法”“四分法”。

“二分法”是把文化分为物质文化和精神文化、实体文化与观念文化、有形文化与无形文化、外显文化与内隐文化、意识上的文化与意识下的文化。还有科学文化和人文文化、理性文化与情感文化之分。

“三分法”是把文化分为物质文化、制度文化、精神文化，或物质文化、政治文化、观念文化，或物质文化、精神文化、行为文化。有人按三个层面来划分：文化的物质层、理论制度层、心理层。也有人称之为物的部分、心物结合的部分和心的部分。有的学者认为可分为这样三个层次：第一层次是外围文化，即独具民族特色的文化；第二层次是科学理性文化，包括自然科学和绝大部分人文社会科学，是人类对自然界和人类社会的一般规律的认识体系；第三层次是思想道德文化，包括世界观、价值观、道德规范、意识形态、社会理想等。

“四分法”则把文化分为物质、制度、风俗习惯、思想与价值四个层面。

对于文化形成、文化创造来说，物质文化是基础和前提，制度文化是协调和保证，精神文化是核心和根本。物质文化是人们的物质生产活动方式和产品的总和，它反映人与自然的物质变换关系，表现为一定的社会生产力的发展水平。物质文化是观念的浓缩物，是积淀着观念形态的文化。物质文化的发展水平、状况对制度文化、精神文化的创造有着极大的推动作用。制度文化是以制度为中心的文化，是文化系统中最具权威性的因素，规定着文化整体的性质。制度能保存文化，能够把人类创造的文化保存下来传给下一代，通过价值导向来影响精神文化发展的方向。制度文化为物质文化、精神文化之间的中介环节。精神文化是最核心也是最稳定的部分，它由价值观念、思维方式、道德情操、民族性格等构成，还包括文化信念、文化情趣等，对物质文化、制度文化的发展起着巨大的制约作用，是制度运行的保证和变革的先导。精神文化具有相对独立性，具有认知和价值定向的功能，体现了时代特点、民族特点。

行为文化是人类在社会实践中以约定俗成的方式构成的行为规范。人们的行为与物质、精神密切相关。行为文化也具有较强的时代色彩和民族特点。制度文化构成人类行为文化的习惯、规则，提供了观察和理解人类行为和活动的钥匙或模式。

文化按其主体划分，有个体文化、家族文化、群体文化、人类文化等；按类别划分，有科学文化、艺术文化、宗教文化；从历史角度看，有传统文化、现代文化；从形态看，有封建文化、资本主义文化、社会主义文化；从来源看，有本土文化、外来文化；从地理角度看，有海洋文化、流域文化、山地文化；从城乡差别看，有城市文化、农村文化；从社会发展角度看，有农耕文化、工业文化、生态文化、信息文化等。

从主流和支流来看，主流文化与亚文化的关系，既可能是亚文化作为主流文化的补充而双方并存，也可能是双方在一定的历史条件下相互转化。

从不同领域和行业来看，文化可以分为政治文化、法律文化、行政文化、组织文化等，企业文化、商业文化、产业文化、行业文化等，社区文化、校园文化、军营文化等，媒介文化、广告文化、出版文化等，地域文化、节日文化、民俗文化等，饮食文化、服饰文化、建筑文化、旅游文化等，休闲文化、影视文化、网络文化等。

按地域、国家和民族文化范围划分，文化可以逐层细化。如亚洲文化、欧洲文化、美洲文化等，中国文化、日本文化、美国文化、英国文化等，汉族文化、藏族文化、蒙古族文化等，佛教文化、基督教文化、印度教文化、伊斯兰教文化等。

当然，上述概念有很多是交叉的。各个具体学科与文化的结合，有可能形成新的学科生长点，如科学技术文化学、文化产业经济学、历史人文地理学、国际文化传播学等。

（三）文化圈

文化圈是在一定时间内存在的具有系统文化特征的文化空间。

从空间方面看，文化圈是一个地理上的空间概念，具有地域性。既有地理位置相连的文化圈，也有洲际文化圈，还有两个以上的远隔地带形成的同一文化圈。

从时间方面看，每一种文化圈都是在不同时间形成的，都有一定的连续性、持久性。

从文化传播方面看，文化圈包含一定特质的文化成分，具有独立性，但每一个文化圈里的文化因素可以传播到圈外的空间，又具有流动性。

文化圈理论注重空间，试图把全部人类史归结为文化联系、冲突、借用、转移的历史。

有人把世界划分为五大文化圈：东亚文化圈、西方基督教文化圈、东正教文化圈、伊斯兰文化圈、印度文化圈。按国家和民族范围划分，则可以更细化。

与文化圈相关的概念有文化丛、文化区、文化层等。

文化丛是一种文化实体，是功能上相互关联的文化特征综合体。如果一个文化丛具有器物、经济、社会、道德及宗教上相同的特征，就可被称为文化圈。

文化区最初是博物馆的一种分类范畴，即采用地理上的民族发源地区来分类。学术界对文化区有不同的划分：有的认为文化区是有地区限制的那种文化；有的认为文化区是地理上相邻的部族群；有的以生态环境或经济结构，或宗教信仰，或价值系统测量来划分不同的文化区。

文化层指文化圈的层叠，体现了在时间演进中文化圈的特点变化。文化圈可积累多层，如考古学发现在同一地点的不同层面有不同时期的文化遗存，民俗学发现在同一地区有各个时期的文化共存。

（四）文化模式

文化模式即文化的结构形式，是一种文化的诸成员所普遍接受的文化结构，是彼此交错联系的文化系统。文化模式将每一种文化都视为独立存在的个体。美国著名人类学家本尼迪克特说："一种文化就像是一个人，是思想和行为的一个或多或少贯一的模式。每一种文化中都会形成一种并非其他社会形态都有的独特的意图。在顺从这些意图时，每一个部族都越来越加深了其经验。与这些驱动力的紧迫性相应，行为中各种不同方面也取一种越来越和谐一致的外形。"① 博厄斯说："我们必须把个体理解为生活于他的文化中的个体；把文化理解为由个体赋予其生命的文化。"② 文化模式反映着一种文化特质丛（内容）相互结合时的特殊形式，反映着各种文化的结构性特征，使不同社会中的不同文化区别开来，以内在的、不知不觉的、潜移默化的方式制约和规范着每一个体的行为，进而影响政治经济活动和历史的进程。

文化模式可分为简单文化模式（文化特质较少、结构比较简单的模式）和复杂文化模式（文化特质和特质丛繁多、内部关系复杂的模式）；普遍文化模式（人类文化中相同或相似的模式）和特殊文化模式（不同文化特有的模式）；主要文化模式（曾绵延数千年并起重要作用的模式）

---

① 本尼迪克特．文化模式．北京：生活·读书·新知三联书店，1992：48．

② 同①2．

和次要文化模式（稳定性差而易变化的模式）。还有内隐的、外显的模式，自主的、外发的模式，等等。

按精神形态或心理因素划分，以宗教文化模式为例，它可分为：西方基督教文化模式、西亚伊斯兰教文化模式、南亚佛教文化模式、远东儒教文化模式等。

按自然或经济生活方式，文化模式大致可以分为农耕文化模式、海洋文化模式、游牧文化模式等。

美国学者 R. 林顿把文化模式界定为行为的标准，分为实际文化模式和文化结构模式。

克罗伯把文化模式分为主要文化模式和次要文化模式。主要文化模式是与人们的生存、生计等实际生活有关的文化结构，次要文化模式是在人们满足了基本的生理需要之后与审美活动等有关的文化结构。

与文化模式相关的概念有：文化形貌，主要指文化组合形成的面貌、样式或布局。文化共同体，主要指由各部分组成的文化整体，即融合体。文化系统，主要指具有特定功能、相互之间有着有机联系的整体。文化体系，主要指文化的相互关联与集合，又指文化的各种属性。文化形态，主要指民族、国家或群体的文化系统的构成形式。

三、文化形态和功能

（一）文化形态

文化形态是指一定社会发展阶段上一定人类共同体的文化整体。社会形态是指社会历史发展的普遍性阶段。文化形态的划分有两个界限：一是纵向的、一般的历时性界限，二是横向的、特殊的、与个性文化相一致的共时性界限。

文化形态是一种文化共性和文化个性的具体的、历史的、完整的统一体。文化形态可分为三个层次：（1）“文化一般”，即一般意义上的文化整体；（2）“文化特殊”，即具有文化个性；（3）“文化个别”，即每一个文化形态所概括的每一个人类共同体的文化整体，即个性文化。①

现代社会已进入信息社会、知识社会、网络社会，社会形态也发生了很大变化。文化发展一方面以经济发展为基础，另一方面对经济发展有很大影响，特别是文化生产、分配和消费，自身就带有经济的性质。文化产业更是经济发展的新的增长点。

现代社会变迁是由多种要素构成的复合动力机制所推动的，经济增长、社会发展需要文化转型和心理调适来促进和保证。文化模式的更替往往比经济转轨、社会转型要缓慢一些。当原先的价值观念失效而新的价值观念尚未形成时，文化创新的成果就可以避免人们心理上的某种无所适从或行为上的失范状态。优秀的理性文化、高雅文化成果可以帮助人们建立一个富有理想和生命力的精神家园。

大众文化是时代和社会发展的产物，在很大程度上改变了文化的封闭状态和单一格局，实现了文化的多元化和共享性，促进了文化市场的繁荣与文化产业的形成，扩大了文化的受众群体与传播空间，密切了文化与生产、生活的关系，加深了文化对社会大众的心理与情感的介入。大众文化以其强势媒体和广泛、快捷的生产方式与传播方式占有了大众生活空间，在一定程度上造成对高雅文化和主流文化的排斥，如不进行及时、合理、有力的调节和引导，有可能造成社会文化的低俗化，致使人们审美情趣畸形发展，因而，需要对大众文化进行人文关怀和精神提升，积极有效地赋予大众文化尽可能多的精神价值、道德品位、文明素质和思想蕴涵，使大众文化得到升华、走向成熟。要坚持精英文化、高雅文化的核心价值，形成与大众文化的良性互动，这对于文化的发展具有深远的意义。

网络文化成为一种新的文化形态。它传播速度快、涵盖面广，不受地域限制，为全球性的文化沟通与交流提供了一个便捷的平台。它同时是一个非常大的虚拟空间，还具有非凡的娱乐功能。

---

① 蔡俊生，陈荷清，韩林德．文化论．北京：人民出版社，2003：101.

（二）文化进化

文化并不是一成不变的，而是处在不断地变动之中。文化的变动构筑了文化发展的动态过程，因为文化是开放性的体系，它与外界进行广泛的信息、资源、人员等因素的交流。文化开放体系促进了文化的进化和演化。

作为文化发展现象的一般性概括，文化进化寓于生物进化之中。从生物进化中开启文化进化研究，源自美国著名学者威尔逊。1975 年，他发表了《社会生物学：新的综合》，用生物进化论来解释道德、宗教等社会现象，提出了文化进化的基本观点。虽然人们对他有关社会生物学的许多观点有颇多的争议，但从进化论角度来对文化发展现象进行解释，无疑是有启发意义的。后来的有关研究，大多承袭了他的思路。

文化进化，是指文化在时空上的拓展过程，这种拓展过程既是文化内涵的不断展开，也是某种文化成长、成熟、突变甚至解体的一系列过程。文化进化的实质是文化内容的增加或减少，而文化内容的增加或减少达到一定的程度后，就会带来文化结构的改变。文化结构的改变，有可能促进文化的诞生或生成新的文化分支。从广义上看，这是沿着一定的趋势或走向前进的。在这种趋势或走向之下，文化进化的形式是多种多样的。世界上之所以有如此多的不同类型的文化，其根源就在于此。

根据进化论，文化进化有三个方面的机制：

第一，遗传机制。与生物体的生存发展一样，每一种文化都有它自身的遗传机制，即保留其文化基本性状的机制，文化通过家庭、企业等社会组织，从一代人传承至下一代人，从而保持文化的稳定性和延续性。关于文化的遗传机制，一些学者借用基因的概念，认为文化中有基因，即文化基因。与分子生物学意义上的基因一样，文化基因是控制文化性状的基本因子。

第二，变异机制。开放性使任何一种文化都或多或少地受到外来因素的影响，这种影响有时候会使文化的特性发生些许改变，即变异，尽管变异是极其微小的，但如果能够传承下去，不断地积累，那么若干年之后，就会使文化的结构状态发生变化，从而导致新型文化的出现。此外，变异的产生还有可能来源于传承过程中内在因素发生的偶然变化。

第三，社会选择机制。文化与生物一样，都面临着竞争，变异出现的新文化现象必须适应社会环境，否则就会丧失竞争优势，甚至被淘汰。也就是说，只有那些适应社会环境的文化新性状，才能得到更好的发展并保存下来，即社会起到选择文化新现象的作用。

从总体上看，文化进化伴随着文化退化，即文化的发展是进化与退化二者的统一。二者之间的矛盾统一，使文化进化表现为两个主要方式：一个是突变方式，另一个是渐变方式。文化进化的突变方式，是文化发展的质的飞跃，是整个文化结构的更替、文化风格和文化模式的转变。文化进化的渐变方式，是文化发展过程中的缓慢变化。文化进化的最大特色在于大多数情况下其是以缓慢、难以察觉的方式来进行的。

文化演进和文化进化是同义语。泰勒提出文化进化分为三个阶段：粗野（狩猎或采集）、悍蛮（农业）、文明（高级分化）。孔德提出文化阶段先是神学的，其次是玄学的，最后是实证的。

文化演进有以下特性：

（1）周期循环性。任何一个持久的文化都可能反复地经过文化发展的几个阶段或周期。文化演进有发育周期，如个体发育与整体发育、量的发育与质的发育、进化性发育和退化性发育、结构发育和功能发育、正常发育和异常发育、开放型发育和封闭型发育等。文化循环有大小之分，大循环指以等时间进行的历史周期运动，小循环指文化系统内文化要素的往返流转的过程。

（2）多元多样性。不同的文化在不同的空间可以同时发展，产生相同或相近的文化。文化以丰富多样的形式存在和发展。不同地区、民族的文化在历史演进中有自己的特色。

（3）互动互化性。文化的各方都参与互动，有的呈现出主动，有的呈现出被动；主动方往往占有优势，但主动和被动可以相互转化。存在多边文化的互化，互化中有抵消，也有获取；有冲突，也有融合。

（4）加速突变性。文化演进是有序的、渐进的过程，缓慢地发生量的变化，但在一定的条件下可能以超常的速度发展。外界的刺激，可能导致文化加速发展甚至发生突变，在旧文化中产生一些新质，导致文化剧变。

文化变迁，泛指文化各方面发生的任何变化，具体表现为文化特质、文化内容和结构的增减或变动过程。从文化内部因素看，引起文化变迁的主要原因是文化的接触和传播、新的发明和发现、价值冲突等。

客观的文化不断演变或变迁以适应不断变化的自然与社会，主观的文化不断演变或变迁以适应不断变化的客观的文化。不同形态的文化发生碰撞、冲突，会引起文化变迁。文化变迁是社会发展的重要标志。文化变迁通常有渐变与突变两种。渐变表现为缓慢的变迁，一般是文化特质的量的变化；突变则是整个文化模式的变化，是一种质的飞跃。

文化包含个体文化、群体文化、民族文化、社会文化等层次，它们相互之间会发生冲突。如个体文化与群体文化的冲突，个体文化既有向群体文化趋近、放弃不合群体规范的东西的倾向，又有保持旧有态势、继续坚持个体特色文化规范的倾向，还存在复杂的其他情况：(1) 外来的个体在尚未被组织认同前其心理与行为出现不适；(2) 当个体无视他人利益和整体利益时，便会产生与群体文化的对立和冲突；(3) 在群体内部，利益要求的不同也会引起群体文化与个体文化的冲突；(4) 有时群体文化滞后于社会文化，落后的、陈旧的、保守的群体文化不能满足个体对先进文化的需要，于是产生文化冲突；(5) 在群体组织中，个人由于认识和观念上的差异而与群体组织发生文化冲突。

在群体组织内部，占主流的、总体的、正统的文化与非主流的、局部的、异端的文化也常常发生冲突。有这样的情况：经过一个时期，原来主流的、正统的文化可能失去文化优势，逐渐成为保守的、衰落的文化。一种代表着未来价值观的文化逐渐发展，并且这种文化的发展不可避免地受到主流文化的抑制。

文化也存在一种惯性，一旦形成某种文化传统，就会比较持久。从行为主体的角度看，这种惯性是由某种文化的创始者和追随者的选择偏好造成的。文化惯性是一把双刃剑：在稳定的环境中，保持传统，一个组织会有较好的表现；当环境条件急剧变化时，组织文化惯性可能导向保守、落后，甚至成为桎梏。

社会（或民族）文化是一个社会（或民族）文化共同体一整套共有的理念、价值观和行为准则，它是使各个阶层、各种团体的行为能为社会群体、社会整体所接受的共同标准。它必须包括对民族亚群文化、性别亚群文化、年龄亚群文化、职业亚群文化、社区亚群文化、阶层甚至阶级亚群文化以及政治、军事、体育、卫生等亚群文化的认可。

从文化形态上看，存在主导文化、精英文化、大众文化等，也有民族文化、地域文化、企业文化、校园文化等的差异。

文化冲突，包括组织文化与个人文化之间的冲突、新文化与旧文化之间的冲突、主流文化与亚文化之间的冲突、不同民族文化之间的冲突等。任何文化体系内部都存在相互矛盾的方面、相互对立的原则、相互抑制的手段。正是这一切构成了一个又一个文化怪圈。差异、矛盾、悖论及其克服，成了文化创新的内在驱动力。即使不从动态角度，而是从静态角度观察，任何时候、任何条件下的文化体系本身都包含着不同层次的悖论。承认差异、承认悖论，适时地调整，根据不同的情况采取不同的方法。

文化冲突的极端形式就是文化危机，表现为特定时代的主导性文化模式的失效和断裂。这就是说，人们习以为常的、赖以生存的、自在的文化模式或人们自觉信奉的文化精神不再有效地规范个体的行为和社会的运行，同时一些新的文化特质或文化要素开始介入人的行为和社会的活动，并同原有的文化模式和文化观念形成剧烈冲突，就意味着这种主导性文化模式陷入危机。文化危机代表着最深刻、最深层的危机，也孕育着变革。

文化危机的发生是基于文化内在的超越性与自在性之间的矛盾，往往通过个体的内在本质与文化的外在约束的矛盾表现出来。在特定的条件下，特定文化的超越性和创造性精神会为人提供自由和创造性活动的空间和条件。而在另外的条件下，特定的文化模式的自在性和强制性又会成为个体发挥创造性的桎梏。个体的创造性和超越性活动与文化模式的自在性、强制性发生冲突，而新的文化要素、文化特质、文化精神通过人的实践活动的革命的批判的本性逐渐生成，并开始反抗传统文化模式的统治。这就是文化危机的根源。出现文化危机，也是文化转型和创新的一个机遇，在很多历史时期成为人类社会飞跃和进步的契机。当文化危机达到一定的深度，各种文化反思和文化批判思潮的冲突发展到一定的阶段，一种新的文化模式逐渐为人们所认同，成为新的主导性文化模式，就出现了文化转型。

文化变革是文化的根本性变化，一般是经济社会变化导致的文化模式大变化。

英国学者马林诺夫斯基认为文化促发力有三种，即经济组织、法律、教育。英国的 E. 柯尼施认为在世界的历史发展过程中，最重要的动因不是物质、政治、经济、军事，而是一种起着文化先导作用的观念。汤因比在《历史研究》中认为文化的动力是挑战与应战，环境和种族不是文化动力，只有在艰苦的条件下才最有挑战性。美国学者怀特在《文化的进化》中从能量学说角度考察文化进化，认为工艺的发展即对能源的利用手段的发展是整个文化进化过程的基础。美国学者赖特·米尔斯认为文化演进的最有效途径有两种：一是世界性的民族战争，二是双向对等的移民互换。

有的学者提出文化交流动力论，认为文化进步的动力来源于交流。文化交流使各文化形态能增生许多文化因子。古典文化交流包括迁移和聚合，近代以来以商品交流为典型形式，现代以技术交流为典型形式，当代则以信息交流为典型形式。

文化发展的动力是多方面的，有内因，也有外因。

（三）文化功能

文化功能指文化系统内部各要素之间的相互关系，以及这些要素对文化这一整体所发挥的作用和效能。

英国的马林诺夫斯基在 20 世纪 30 年代写了《文化论》，认为：文化有工具的属性，直接或间接地满足人类的需要；文化功能是复杂多样的；每一个文化类型中，各种风俗、物品、观念、信仰都在发挥某些重要的功能。

文化在社会发展中的功能主要表现在以下方面：

第一，传播功能，即记录、储存、加工和传承社会信息，促进知识的生产，保持人类社会的记忆，延续历史。

第二，认知功能，即影响、制约人们的认识活动和认识结果。人类必须借用前人文化成果，以提高认知能力。

第三，教化功能，即通过文化环境改变人的思维方式、行为习惯、价值观念、审美趣味并使之社会化。每个人只有接受文化教育和文化熏陶，才可能提高修养，养成高尚的文化情操。和谐文化能够化解社会矛盾，维护社会稳定。

第四，先导功能，即引领、导向社会发展。通过思想道德建设和科学文化建设，提高人的素质，为社会发展提供思想支柱、价值导向、精神动力、智力支持和方法指导。文化能够以无形的意识、无形的观念，深刻影响着有形的存在、有形的现实，深刻作用于人们的生活和社会发展。

第五，凝聚功能。文化具有凝聚力，能够振奋精神、凝聚力量，把一个文化共同体内的成员凝聚在一起。文化是一个民族生存和发展的内在动力，能把一个民族凝聚成一个有机整体。

第六，协调功能，即调控社会实践和人与人之间的社会关系。

第七，规范功能。文化提供价值和道德规范，引领社会思潮，提供辨别是非的标准，规范和约束社会主体的行为，使人类社会在一定的秩序中发展。

第八，技术功能。文化是工具、标准、符号，使人的交往成为可能。古人所言“工欲善其事，必先利其器”中的器就是工具。

第九，经济功能。文化对经济发展的作用应引起重视，主要体现在：（1）文化是经济发展的精神动力和智力支持。（2）文化对经济的渗透无处不在。文化的积累越来越成为经济活动成功的必要条件。（3）文化是推动经济快速发展的关键，对未来社会经济结构的发展方向、经济增长速度等都将发挥重要的作用。在市场经济条件下，文化的经济功能越来越突出。

第十，创新功能，即超越现实局限性，创造出新的观念世界和理想世界。文化具有创新活力，引导社会向前发展。

就对社会发展的作用来说，文化是最深层、影响最深远、经久不衰的因素。政治、经济的发展最后都要以文化为载体，政治的纷争、经济的竞争最后无不表现为物质文化和精神文化成果。可以说，政治、经济现象都是当下的、暂时的，只有文化现象能够永远流传下去。从深层意义来看，政治、经济现象也可以归结为文化现象。保留下来的世界文化遗产，包含了政治、经济的内容，但其最终表现形式还是文化。

第三章　文化治理：多元共治

文化治理是国家治理体系的重要组成部分。探讨文化治理在国家治理体系中的地位和作用，为建设社会主义文化强国的目标提供理论支撑，具有重要的理论价值和现实意义。

一、文化治理解析

“文化治理”是“文化”和“治理”的结合，有着特定的含义。

（一）文化治理概念分析

“治理”一词含义多，适用范围广，既广泛运用于全球、国家、组织、人的控制、管理或自治，也用于江河湖泊、大气、土地等自然环境的整治、净化。现在多用于对公共事务的治理方面。

治理作为一个概念在中国政治中运用得比较早。治理在中文中最早可见于《荀子·君道》：“明分职，序事业，材技官能，莫不治理，则公道达而私门塞矣，公义明而私事息矣。”这里的治理是指统治、管理之意。后又有“理政的成绩”“治理政务的道理”等含义。

伴随西学东渐，各类针对中国实践的治理研究也逐渐兴起。1949年以前，治理的使用频率不高，但含义和范围很广。1949—1966年，治理的指称对象多局限于水利工程及其延伸领域。1970年前后，综合治理观类推到治理环境、治理污染；20世纪70年代中期之后，治理环境污染的观念外推到社会污染治理，形成了综合治理法制观，提出了社会治安综合治理的方针。可见，以国家为主导的治理一直都是中国政治实践历史的核心内容和重要特征。

20世纪，随着公司治理的研究取得积极进展，公共治理的研究也逐渐进入人们的视野。20世纪90年代，“治理”一词受到国际组织、各国政府及学术界的广泛关注，特别是在合作治理、善治、网络治理等名义下开展的公共治理研究汇成了一股热潮。1992年，世界银行发表年度报告《治理与发展》。1996年，联合国开发计划署发表年度报告《人类可持续发展的治理、管理的发展和治理的分工》，经济合作与发展组织发布《促进参与式发展和善治的项目评估》等。国外早期对公共治理的研究来自库伊曼，他分析了政府与社会互动的新模式，提出了统治与治理的新方法。① 学术界一般把这一判断看作公共治理研究的起点，认为这是对“新治理”的探索。罗西瑙、罗兹、斯托克等指出，治理与统治有重大区别，治理意味着社会管理的主体未必是政府，政府管理行为必须符合法治、民主、责任、效率、有限、合作、协调等治理理念。②

公共治理被认为是对传统公共行政以及新公共管理的反思和超越。在公共治理的概念下所做出的社会管理新设计恰恰表明，由政府这个单一主体去担负公共性的实现功能是不足的，政府并不能保证公共性得到充分实现。所以，公共治理是把“公共性”的实现寄托于多元主体的行

① KOOIMAN J. Modern governance：new government-society interactions. London：Sage，1993：5.

② ROSENAU J N. The governance in twenty-first century. Global governance，1995 (1)；RHODES R A W. New governance：the management without government. Political Research，1996 (154)；STOKER G. The governance as a theory：the five arguments. The international social science，1999 (2).

动中。就现实而言，公共治理的确顺应了全球化、后工业化时代社会管理发展的新趋势，所以，公共治理应当是社会治理创新的一个重要的理论参照系。①

“国家治理”一方面符合国际比较的话语体系，另一方面恰恰展现中国政治实践中以国家为考量的标准和核心取向。当前，这种考量方式在其他发展中国家借鉴过程中和21世纪金融危机应对背景下逐渐受到更多的认可。

从实践过程来看，现代国家治理的结构性要素需要平衡的关系包括：决策、执行系统的变革与秩序的关系，意识形态改造和延续性的关系，市场化与民主化的互动关系，社会结构性转型与政治结构性调适的关系，以及制度创新与效能的关系。

（二）文化治理的主要内容

文化与治理相连，文化既是治理的对象，又是治理的手段和工具。文化治理从词义来看包含两个方面：一是对文化领域进行治理；二是以文化的方式进行治理，就是人文化、民主化、科学化的治理。

1978年2月1日，福柯在法兰西学院演讲中提出“治理术”的概念，阐述“治理的艺术”（arts of government），认为治理可以分为对自我、家庭、国家的治理三个层次。② 治理不只是单纯的对人或物的管理，也涉及对人与物关系的治理；不仅是人治理物，而且是对治理过程、治理关系本身的治理。福柯治理思想的几个要点是：第一，治理艺术是多元、多层次、多向度的，它的对象、内在机理与目标取向都是具体、多样的，治理不是单向度的自上而下的压制。第二，治理技艺是动态、有机的，特别注重治理机制内在层次之间、治理对象之间的动态关联，以及治理对象自身的能动性，治理本身也是一个历史性的动态演进过程。第三，治理问题与一系列策略、机制、机构等微观技术的运作密

---

① 李慧凤．公共治理视阈下的社会管理行为优化．中国人民大学学报，2014（2）．

② FOUCAULT M. Security，territory，population：lectures at the College，de France，1977—1978. Basingstoke and New York：Palgrave Macmillan，2009.

切相关。

20世纪90年代，托尼·本尼特就开始关注文化中的“治理”问题，他说：“如果文化被视作历史性生成的机构性嵌入（institutionally embedded）的治理关系的特定系列，它以广大人口的思想、行为转变为目标，而这种转变部分通过审美与智性文化的社会现实、技术和规则的扩展来实现，那么文化就能被更加令人信服地构想。”“就这个术语指涉着下层社会的道德、风习、行为方式而言，它是对象或目标”，而就艺术、智性活动这样的狭义文化“对道德、习惯、行为符码等领域进行治理性干预和管理”而言，它又是治理的工具。①

中文语境中的“文化治理”最早出现在中国台湾地区。2002年，廖世璋在《国家治理下的文化政策：一个历史回顾》一文中对“文化治理”的界定是：“一个国家在政治、经济或社会的特定时空条件下，基于国家的某种发展需求而建立发展目标，并以该目标形成国家发展计划而对于当时的文化发展进行干预，以达成原先所设定的国家发展目标。”② 2003年，王志弘指出：“文化治理概念的根本意涵，在于视其为文化政治场域，亦即透过再现、象征、表意作用而运作和争论的权力操作、资源分配，亦即认识世界与自我认识的制度性机制。”③ 2010年，他把“文化治理”界定为“借由文化以遂行政治与经济（及各种社会生活面向）之调节与争议，以各种程序、技术、组织、知识、论述和行动为操作机制而构成的场域”，其中涉及“主体化或主体的反身性形构”，其含义主要是把文化作为治理工具。

文化治理在国家治理体系中，主要是指对文化领域进行治理。文化治理包含文化管理、文化改革与发展等内容，应纳入社会系统工程的视野，整体观照，系统把握，全面推进。文化治理，强调以人为本、文化育人、人才兴文。

---

① BENNTT T. Putting policy into cultural studies//GROSSBERG L, et al. Cultural studies. New York and London: Routledge, 1992: 26.

② 廖世璋. 国家治理下的文化政策：一个历史回顾. 建筑与规划学报，2002（2）.

③ 王志弘. 台北市文化治理的性质与转变，1967—2002. 台湾社会研究季刊，2003（4）.

对国家治理和社会发展的作用来说，文化是最深层、影响最深远、经久不衰的因素。政治、经济、社会的发展最后都要以文化为载体。生态文明也表现为文化。要坚持以人为本，积极培育和践行社会主义核心价值观，将其贯穿于经济建设、政治建设、文化建设、社会建设、生态文明建设的各环节和全过程。

要做到文化治理主体多元化、文化治理方式规范化、文化治理对象分类化、文化治理理念兼容化、文化治理机制系统化。

1. 文化治理主体多元化

这是指从政府的单一管理转向政府与社会力量共同治理，强调以人为本，文化育人，体现以公民权利为本位的治理模式。要充分发挥人民群众在文化建设中的主体作用，做到文化发展为了人民、文化发展依靠人民、文化发展成果由人民共享，维护全社会文化公平，实现文化正义，促进人的全面发展。

2. 文化治理方式规范化

这是指政府文化管理由行政命令转向依法管理。目前文化体制与人民群众日益增长的美好生活需求、全面建成小康社会的目标任务不相适应，与完善社会主义市场经济体制、进一步扩大对外开放的新形势不相适应，与依法治国、加快社会主义法制建设的环境不相适应，与高新技术在文化领域迅猛发展和广泛应用的趋势不相适应，迫切需要改革。

深化文化体制改革，加快文化事业和文化产业发展，是加快社会主义现代化建设的内在要求，是提升我国综合国力的迫切需要，是实现经济、政治、文化、社会、生态文明协调发展，构建社会主义和谐社会，建设社会主义文化强国的重要内容。

要正确把握文化治理中的重大关系：

第一，文化事业与文化产业的关系。二者既各具特性，又密切联系，要分类改革，共同发展。

第二，文化宏观管理体制和微观运行机制的关系。明确政府职能，把握方向，激发文化活力。具体包括：加强监管和繁荣市场的关系，更加注重依法管理，综合运用法律、经济、行政、科技等手段，提高管理效能，确保文化健康、有序发展；加强管理和营造良好创作环境的关系，进一步创新管理理念，强化服务意识，寓管理于服务之中，建立和完善有利于优秀人才健康成长和脱颖而出的体制机制，最大限度地调动广大文化工作者的积极性、主动性和创造性。

第三，文化产品的意识形态属性和产业属性、社会效益和经济效益的关系。始终把社会效益放在首位，努力实现社会效益与经济效益的有机统一。

第四，文化各部门和行业的关系。对于文化艺术、新闻出版、广播电视、科学技术、教育、旅游等，加强联系和整合。

第五，地区之间、城乡之间均衡发展的关系。切实加大对中西部地区和广大农村公共文化服务体系建设的支持力度，促进基本公共文化服务均等化。

第六，坚持对外开放和维护文化安全的关系。在不断扩大对外开放、努力吸收世界各国优秀文明成果的同时，切实维护国家文化安全，形成以民族文化为主体、积极吸收外来有益文化的对外开放格局。

第七，保护文化传统与倡导文化创新的关系。弘扬民族文化优秀传统，保护文化遗产，在继承的基础上创新。

第八，文化体制与经济体制、政治体制、社会体制的关系。整体配套，系统推进，在全社会营造鼓励文化创造的良好氛围，为广大群众成为社会主义文化建设者提供广阔舞台，让蕴藏于人民中的文化创造活力得到充分发挥。

3. 文化治理对象分类化

这是指对不同性质的文化企业或机构采用不同的治理方法。协调文化在各个领域、行业、地域、时间和空间、硬件和软件等方面的差异。

（1）主流文化与大众文化的协调。在大力弘扬主流文化、精英文化的同时，正确引导大众文化、通俗文化的发展。构建统筹协调、责任明确、功能互补、覆盖广泛、富有效率的舆论引导格局，不断壮大主流舆论，提高舆论引导的及时性、权威性和公信力、影响力。

（2）城乡文化的协调。完善城市社区文化设施，坚持家庭文化、社区文化和地方文化共同发展，促进家庭和睦、社区和谐、社会稳定。建设覆盖城乡的公共文化服务体系，更好地保障人民群众的基本文化权益。

（3）科技文化与人文文化的互补。培育科学精神和人文精神，努力提高全民族的科学文化素质。

（4）区分文化事业与文化产业。公益性文化事业是指为了国家的公共目标、实现社会公共需要，提供具有效用的不可分割性、消费的非竞争性、受益的非排他性的公共产品和公共服务。效用的不可分割性，是指具有整体的文化功能。消费的非竞争性，是指消费上的共享性，即个人的消费不影响别人的同时消费。受益的非排他性，则是指公共物品的产权是属于社会的而不是属于个人的。文化产业是文化事业中可以通过产业化方式运作的那一部分。文化产业具有文化和产业的二重特性。文化产业是一种关于文化产品和文化服务的经营活动，但又具有文化特征，肩负着传播知识、启迪思维、提升审美能力的功能。文化的产业特性即按照市场规则生产经营，文化产品和文化服务具有很强的产业属性。文化产业提供具有排他性和竞争性的文化产品和文化服务，通过为社会提供文化产品和文化服务获得利润。

4. 文化治理理念兼容化

这是指在文化管理中坚持主流意识形态的指导地位，同时允许多种社会思想并存，促进文化多样化发展，实现多元文化的协调。只有在传承文化的基础上，才能创造新的文化。

（1）中国文化与世界文化的互动。加强对外文化交流。构建人文交流机制，把政府交流和民间交流结合起来。积极吸收借鉴国外优秀文化成果，坚持以我为主、为我所用，确保国家的文化安全。实施文化“走出去”工程，完善支持文化产品和服务“走出去”政策措施。

（2）传统文化与现代文化的融合。要保护民族优秀文化遗产，拓展文化遗产传承利用途径。正确处理保护与利用、传承与发展的关系，促进文化遗产资源在与产业和市场的结合中实现传承和可持续发展。

（3）注重文化的多样性与个性。坚持主旋律与多样化的统一，用主流文化引导多样化的社会思想和文化样态。

5. 文化治理机制系统化

文化治理是一个系统工程，是国家治理体系的一个子系统，治理机制必须清晰、系统。运用系统工程的理论和方法，系统分析各项治理之间的相互联系和错综复杂的结构，提出优化治理、协调发展的途径。

在全球化背景下，文化与经济紧密关联，文化与政治交互作用，文化与科技互补，文化与教育互融，文化与生态互依，文化与社会互动，文化与人共生。为促进文化事业全面繁荣、文化产业健康发展，必须创新文化发展理念。不能限于文化领域谈文化改革发展，要与经济体制改革、政治体制改革、社会体制改革紧密结合、协调和配套，实现整体推进。

文化创新是建设创新型国家的重要方面，文化创新的目标是建设有利于社会整体创新的文化，提升文明境界。随着文化创意时代的来临，文化创意、创新成为社会经济发展的主要驱动要素，文化的发展是社会发展的主要内涵，文化的繁荣是发展的最高目标。文化创新包括文化观念创新、文化制度创新、文化知识创新，体现为文化内容和形式的创新，文化设施、工具和媒介的创新等方面。努力实现在管理体制上有新转变，在繁荣发展上有新思路，在实现途径上有新手段，在破解难题上有新举措，在运行机制上有新成效。

文化功能是指文化系统内部各要素之间的相互关系，以及这些要素对该文化整体所发挥的作用和效能。文化的功能是由其自身特性和发展规律决定的。文化不仅是上层建筑，具有教育人民、引导社会的意识形态属性，同样也是生产力，具有商品的属性。

（1）文化体现民族凝聚力和创造力。文化是一个民族的集体记忆，是民族文化身份和独特个性的象征，是培育民族精神的土壤，是人们赖以栖息的精神家园。同时，它给人们力量，启迪革新与创造，帮助人类社会应对众多挑战。

文化是一个国家和民族赖以存在的基础、发展的根基，更是一个民族凝聚力和创新力的不竭源泉。

（2）文化引领经济社会发展。一定的文化是一定历史条件下经济、政治的反映，文化又反过来给经济、政治能动的影响。进步、科学的文化能够给社会发展提供精神动力，提高整个社会的文明程度，并能启迪思考，推动创新，引领社会进步。

文化也直接参与经济价值的创造。这是因为在市场经济条件下，文化产品本身就是商品，能够直接带来经济效益，拉动 GDP 增长。文化对经济发展的作用应引起重视，主要体现在：1）文化是经济发展的精神动力和智力支持。2）文化对经济的渗透无处不在。文化的积累越来越成为经济活动成功的必要条件。3）文化是推动经济快速发展的关键，对未来社会经济结构的发展方向、经济增长速度等都将发挥重要的作用。在市场经济条件下，文化的经济功能越来越突出。文化所创造的效益既有社会效益，也有经济效益。

（3）文化满足人民精神文化需求。文化是人类文明的结晶，也是人类生存的一种形态。精神文化需求是人区别于动物的关键所在，是人的内在的、普遍的、基本的需求，是人生幸福快乐的重要标志。文化如水，润物无声，能够启迪心灵、愉悦身心、陶冶情操、增进知识，从而满足人们的精神文化需求，丰富人们的精神世界，提升人的素养，最终实现人的全面发展。

（4）文化是综合国力的重要标志。文化代表着一个国家和民族的文明程度、发展水平，既是综合国力的重要组成部分，也是综合国力的体现。

综合来讲，文化是一种凝聚力、竞争力、影响力，文化功能的发挥主要体现在：一是引领风尚、教育人民、服务社会、推动发展，二是满足人民过上美好生活的精神需求。

二、国家治理体系中的文化治理

国家治理体系包括经济、政治、文化、社会、生态治理各方面。文化治理是其中一个重要组成部分，与各个方面都密切相关。

（一）国家治理体系的结构和功能

国家治理体系是一个复杂系统，包括经济、政治、文化、社会、生态文明建设和党的建设等各领域体制机制、法律法规安排，也即一整套紧密相连、相互协调的国家制度。国家治理体系从主体结构看，包括政党、政府、市场、社会、公民等；从内容结构看，包括经济、政治、文化、社会和生态文明五位一体的国家制度体系。国家治理能力则是运用国家制度管理社会各方面事务的能力，包括改革发展稳定、内政外交国防、治党治国治军等各个方面，涉及价值、主体、制度、技术等要素。

政党、政府、市场、社会、公民共同构成创造国家治理价值的角色结构，应在它们之间构建社会组合机制，创新和优化国家治理的主体网络。

国家治理体系现代化包含科学化、法治化、制度化和规范化等内涵。国家治理现代化从一定的意义上说就是治理结构分化和功能再造的过程。实现有效治理，必须转变政府职能，深化行政体制改革，增强政府公信力和执行力，创新社会治理方式，增强社会发展活力，提高社会治理水平。国家治理体系现代化，需要战略思维、统筹协调、整体推进、实践检验。

国家治理体系现代化是一项社会系统工程。社会系统工程的核心理念为：总体设计、多方联动、系统集成。社会系统工程是运用系统工程组织管理整个社会建设与发展的理论和方法，研究社会的构成要素、结构、功能，强调系统整体性、协同性、动态性。社会系统工程探讨社会治理制度与规则设计的规律与方法，注重结构功能分析，涉及科学化、民主化、程序化和现代化等问题。

国家治理体系需要进行总体设计。总体设计的工作方法就是系统方法。总体设计包括顶层设计、中层设计、基层设计。国家治理体系和治理能力是一个有机整体，相辅相成，要把中国特色社会主义各方面的制度优势转化为治理国家的效能。国家治理体系现代化过程，必须是全面的系统的改革和改进，是各领域改革和改进的联动和集成，形成总体效应、取得总体效果。根据总体设计的战略部署，在进行国家治理的过程中，必须系统谋划、整体推进、综合施策。

现代化国家治理必须突出制度体系与体制机制创新。国家治理体系和治理能力是一个国家制度和制度执行能力的集中体现。实现现代化的国家治理，必须形成系统完备、科学规范、运行有效的制度体系，使各方面制度更加成熟、更加定型。坚持系统治理、依法治理、综合治理、源头治理，推动制度体系和体制机制创新，注重科学性、战略性、长远性、系统性和有效性，推进治理能力的现代化。

治理现代化必然涉及国家与社会关系的调整。国家与社会的关系，涉及历史时间、地理空间、居民、人际关系、管理机构、社会组织、国际社会、全球社会等方面。在国家治理中，要坚持以人为本，积极培育和践行社会主义核心价值观，将其贯穿于经济建设、政治建设、文化建设、社会建设、生态文明建设的各环节和全过程。必须适应国家现代化总进程，提高国家机构履职能力，提高人民群众依法管理国家事务、经济社会文化事务、自身事务的能力，实现党、国家、社会各项事务治理制度化、规范化、程序化，提高运用中国特色社会主义制度有效治理国家的能力。

国家治理体系和社会治理体系是一个有机整体。有了好的国家治理体系，才可能完善社会治理体系；只有提高社会治理能力，才能充分发挥国家治理体系的效能。

（二）文化与国家治理体系

文化在国家治理体系中不可或缺。

第一，文化传统是国家治理体系形成的要素。一个国家选择什么样的治理体系，是由这个国家的历史传承、传统、经济社会发展水平决定的。独特的文化传统、独特的历史命运、独特的基本国情，决定了我们必然要走具有中国特色的社会主义发展道路。

第二，文化开放是推进国家治理体系现代化的必由之路。与其他文明交融互鉴，从不同文明中寻求智慧、汲取营养，善于学习，把他人的好东西化成我们自己的东西，这是适应现代化潮流的必由之路。

第三，文化兴盛是国家治理体系现代化的标志。国家治理体系现代化必然体现为文化现代化，也就是使中华民族最基本的文化基因与当代文化相适应，使传统文化与现代社会相协调，努力实现传统文化的创造性转化、创新性发展。

第四，文化软实力是国家治理体系的灵魂。国家治理体系最深层的是核心价值观。核心价值观是文化软实力的灵魂。培育和弘扬社会主义核心价值观，有效凝聚社会共识，是社会系统得以正常运转、社会秩序得以有效维护、国家治理得以朝着正确的方向前进的重要途径。

一个国家的核心价值观是国家治理的最大软实力。社会主义核心价值观是决定我国国家治理性质和方向的最深层要素，是中国梦的精神支柱。国家治理文化软实力，从根本上说，取决于国家核心价值观的生命力、凝聚力、感召力和生产力。

核心价值观既是国家治理文化，又是国家治理产品。国家通过提供高质量的富强、民主、文明、和谐和自由、平等、公正、法治等公共产品，可以为公民个体层面的爱国、敬业、诚信、友善价值观塑造提供动力支持。公民个体层面的爱国、敬业、诚信、友善价值观可以为国家和社会层面的价值观建设奠定公民自治基础。把培育和践行社会主义核心价值观作为国家治理的文化战略，就是要从国家、社会和公民个体三个层面重建社会主义核心价值观，培育现代公共精神，更好地实现国家治理、社会治理的使命和目标。

国家治理核心价值体系的重要构成部分是思想观念文化以及这种文化所内含的社会思想和意识形态。从思想观念层面讲，核心价值观支撑着国家治理体系的有效运转。现代国家治理能力的重要方面就是培育和巩固公民对国家的政治认同和对核心价值观的信仰，即通过核心价值体系建设实现社会思想意识整合，加强国家整合治理能力。

构建被社会和公民广泛接受的认同感和价值观，可以大大减少国家治理成本，提高国家治理效能。因为依靠暴力手段维持社会秩序的代价高昂，国家必须塑造公民的合法信仰和价值观，形成一套为大多数公民所接受并内化于心、外化于行的核心价值体系。例如，传统文化中的

“仁义礼智信”等宝贵资源就富有开发和创新价值。实施国家治理文化战略，要在推进国家治理现代化过程中创造和维护社会主义核心价值观的凝聚力和激励性，形成有利于培育和弘扬社会主义核心价值观的生产环境、生活情景和社会氛围。

进行社会主义文化建设，加强文化治理，要处理好以下几个关系：

（1）正确处理主导文化与多元文化的关系。文化具有差异性、多样性，包括内容的多样性、风格的多样性、形式的多样性等。要坚持主旋律与多样化的统一，用主流文化引导多样化的社会思想和文化样态。

（2）正确把握文化产品的意识形态属性和产业属性，正确处理社会效益和经济效益的关系，始终把社会效益放在首位，努力实现社会效益与经济效益的有机统一。

（3）正确处理文化冲突与文化融合的关系。在文化发展过程中，存在“冲突—融合—再冲突—再融合”的现象，多元文化之间不可避免地出现冲突、碰撞、摩擦，需要进行文化整合，包括价值整合、规范整合、结构整合。

（4）正确处理东部地区和中西部地区、城乡之间均衡发展的关系，切实加大对中西部地区和广大农村公共文化服务体系建设的支持力度，促进基本公共文化服务均等化。

（5）正确处理繁荣市场和加强监管的关系，更加注重依法管理，综合运用法律、经济、行政、科技等手段，提高管理效能，确保文化健康有序发展。

（6）正确处理坚持对外开放和维护文化安全的关系，在不断扩大对外开放、努力吸收世界各国优秀文明成果的同时，切实维护国家文化安全，形成以民族文化为主体、积极吸收外来有益文化的对外开放格局。

（7）正确处理加强管理和营造良好创作环境的关系，进一步创新管理理念，强化服务意识，寓管理于服务之中，建立和完善有利于优秀人才健康成长和脱颖而出的体制机制，最大限度地调动广大文化工作者的积极性、主动性和创造性。在全社会营造鼓励文化创造的良好氛围，为广大群众成为社会主义文化建设者提供广阔舞台，让蕴藏于人民中的文化创造活力得到充分发挥。

(8) 正确处理文化积累与文化创新的关系。文化积累就是旧有文化合理内核的沉积。文化创新可以是在文化积累基础上的发扬或延续，也可能是突变。

要坚持为人民服务、为社会主义服务的方向和百花齐放、百家争鸣的方针，弘扬主旋律，提倡多样化，大力发展先进文化，支持健康有益的文化，努力改造落后文化，坚决抵制腐朽文化，促进全社会形成积极向上的共同精神追求。

(三) 文化治理与其他方面的关系

文化与政治、经济、社会、生态相对应，相互之间有着密切的关系。

1. 文化治理与政治治理的关系

文化与政治密切相关。政治本质上是借助社会公共权力来规定和实现特定权利的一种社会关系，是一种人类文化现象。曾经强调文化从属于政治、为政治服务，这是不对的，文化治理具有相对独立性，对政治治理也产生作用。它们相互影响、相互作用。政治决策、政治制度、政治发展中都包含文化的因素。

政治学和文化学同样关注政治组织、政治制度、社会管理、法律等问题，但文化学在研究的时间与空间范围上更为宽泛。从广义上讲，任何一个文化群体都有政治生活，存在一定的权力结构和关系。政治学和文化学都通用一些术语，如“国家”“权力”“权威”“组织”“制度”等，但侧重点有所不同。文化研究领域更为广泛，既包括“非国家”社会的政治制度、“非成文”的地方习惯法、基层政治组织、乡村公共权力，也包括全球化时代政治文化的变迁及其影响，等等。

2. 文化治理与经济治理的关系

文化与经济发展是相连的，一方面的变化会反过来影响另一方面。经济不仅是一个关于生产、分配和消费的体系，也是文化体系的一部分。文化生产、分配和消费本身就带有经济的性质。文化生产具有生产性服务业特征，把多业态的文化产业与制造业、信息业、建筑业、旅游业、包装业等产业联系在一起。通过创意设计，把文化元素或符号融入国民经济各行业，将提升物质产品和现代服务业的附加值和品牌价值。文化创意是文化和经济融合的润滑剂。

文化研究中的许多问题都涉及经济方面。文化学研究关注在某一个文化环境中由经济行为所体现出来的人际关系、社会组织制度、生活方式等方面的问题。

文化与经济互动，主要体现在以下方面：

第一，文化与经济是一种同生同构关系。经济与文化的产生几乎是同步的，人类发明和使用工具，就意味着文化的诞生。经济模式的差异体现了文化的不同。解释经济模式出现差异的原因，有时需要从文化方面着手。

第二，文化与经济发展水平的交错复杂性。文化与经济发展具有不平衡性。一般来说，文化适应经济的发展，经济发达的时代或地区，文化相对就发达一些，先进的生产力必然催化先进文化的产生；经济落后导致文化的滞后。但文化有时并不与经济同步，有些经济发展程度较高的国家和地区，其文化发展水平却与经济发展水平不匹配；有些经济发展程度较低的国家和地区，由于历史文化传统的因素，其文化发展水平有可能高于自身的经济发展水平。文化又可以促进经济发展，先进文化推动生产力的发展，影响经济发展的特征和速度。

第三，全球化背景下的经济与文化一体化。文化与经济结合，既可以产生很大的经济效益，又可以产生很大的文化效益。一方面，文化经济化。在一定程度上，经济规定并制约着文化的性质和方向。另一方面，经济文化化。任何经济活动中都有文化的要素，需要文化的引导和驱动。

3. 文化治理与社会治理的关系

文化是人类社会的文化，社会是由人类文化构成的社会。对文化的认同是人的社会化的前提和基础，社会化使人学习和接受社会文化，获得了语言、思想、价值观念，并适应社会发展。社会化就是文化延续和文化传递的过程，其实质是文化的内化，就是接受世代积累的文化遗产，保持社会文化的传递和社会生活的延续。文化对社会有导向和控制作用，它不仅指导和控制人们的心理、情绪，而且为人们提供价值观念、思想方式、行为规范，使人们按一定文化体系的导向去生活、行动，达到控制社会的目的。

一方面，文化从社会体系中抽象出来，成为一个独立的系统；另一方面，文化系统越发达、越进步，也就越能使人类社会脱离野蛮状态而进入文明状态，并且使人脱离血缘关系而成为社会关系中的人，即社会化的人，成为共享一种文化的群体。人类是按照一定的世代积累的文化体系演化的，文化是在各种社会群体的形成、发展及不断整合的过程中进步的，二者相互依存、相互作用。

社会学研究社会关系、社会结构、社会功能、社会变迁，侧重研究社会组织与社会生活，力图把握社会事件的总体、社会的全貌。社会结构包含文化，社会学自然要研究文化现象。现代社会学倾向于研究现代社会的组织性以及团体性行为。社会学研究的“人”，不是作为个体的人，而是一个社会组织、群体或机构的成员，体现了一定的文化特质。社会成员是在共同的、由文化造就的结构化社会中被组织起来的。

文化学关注社会，考察社会现象背后的文化联系、文化结构、文化功能、文化变革，侧重研究人与文化的关系，以便把握人在价值体系中的地位，揭示文化系统的机制和发生、发展的规律。

文化与社会的关联可以归纳为以下方面：

第一，文化是社会的重要组成部分，是社会结构的重要参数。文化是社会中统一的、自我调节的有机体。文化为人类适应社会环境提供手段，为人类谋生和增进幸福提供条件。

第二，社会是指处于特定区域和时期、享有共同文化、按照一定的行为规范而结成的人类生活共同体。社会为人类创造文化提供舞台，为人类生存提供空间和保障。多样性的社会群体产生了多样的文化。不同的民族、社会群体有着自己的文化模式，使社会中的文化表现为多样化的形态和风貌。

第三，社会形态与文化模式相互影响。不同的社会形态具有不同的文化模式，二者相互发生影响。人类社会以各种文化要素尤其是社会制度文化为核心纽带。社会因素与文化因素交织在一起，成为一个“社会-文化共同体”。社会形态特征与文化模式类型有着很强的关联性，二者在一定程度上是相对应的。

第四，社会化是文化传承的主要渠道，保证了文化在代际的习得和延续。文化是人的社会化所不可缺少的中介。

第五，社会变迁和文化变迁相互影响和制约。当社会发生变迁时，其中的文化也相应地变化。当文化向另一个阶段演进时，社会也做出一定的调整。重要文化思潮的出现往往预示着社会将发生重大变革。人类文化因必须为社会系统的运转提供能量而生生不息。文化与社会进程交互作用。

第六，文化关注社会与大众。文化研究关注社会现象。公益性文化事业就是公共事业，有些部门既是公共部门又是文化部门，如图书馆、博物馆、展览馆等。语言、民俗、宗教等都是重要的文化现象。文化建设需要大众参与。大众文化，就是大多数社会成员的文化样式，涉及人们社会生活的各个领域。现代社会的传媒工具如电视、广播、报刊、网络等为大众文化传播提供了条件。大众在参与文化的过程中，也在创造和传播文化。

必须把发展文化放到社会发展的战略地位上来认识。现代化发展的最终目标就是文化的发展和人的发展。文化治理与社会治理在现实中是相互联系、相互作用的。

4. 文化治理与生态治理的关系

人类依存于一定的生态环境。文化与生态环境、人类生活紧密相连。

生态，亦即自然生态，是指生物之间以及生物与环境之间的相互关系和存在状态。人类是自然生命系统的一部分，与其他生命形式相互依存、相互制约、不可分离。人与自然的关系制约着人与人、人与社会的关系。人类以文化的方式生存，文化不能反自然。文化与自然的辩证统一，就是人类生存的本质。

文化生态学又称“社会文化生态学”，重视文化现象中的环境因素，强调不同的自然环境形成不同的文化、文化与自然的一致性；认为人与人、人与环境的相互作用产生了文化，并导致文化的变化。

文化生态学就是用生态学的观点来审视人与自然、社会环境的关系，生态系统中生物界和非生物界环境因素的变迁取决于人类的文化因素，特别是开发利用自然资源的科学水平和技术装备，而生态环境的演变也对人类文化发展趋向产生了不可估量的影响。[①] 从人类生存的自然环境和社会环境中各因素的作用来研究文化的发生、发展和变革，文化地理学派、文化圈学派都研究了地理环境与文化发展的关系。

人类文化生态论等强调人们的生态环境观、价值观等文化因素对生态环境的特殊作用，特别是观念对人自身行为的支配是环境变化的重要因素。生态环境系统的变化受到文化与经济活动的深刻影响，它们之间紧密相连、共同制约、共同变化。

生态文明是基于改善和优化人与自然的关系，建设科学的生态运行机制和良好的生态环境支撑的物质、精神、制度方面积极成果的总和。生态文明的核心是人与自然和谐的价值观在经济社会发展中的落实及其成果的反映，倡导尊重自然、保护自然、合理利用自然，主动开展生态建设，实现生态良好、人与自然的和谐。

文化治理与生态治理的结合，将推进生态文明的建设。

三、文化治理的实施

文化领域面临一些突出的问题，需要进行治理。应通过文化治理，解放和发展文化生产力，把发展社会主义先进文化放到十分突出的地位，充分发挥文化启迪思想、陶冶情操、传授知识、鼓舞人心的作用，

① 周浩然，李荣启．文化国力论．沈阳：辽宁人民出版社，2000：207.

努力提高全民族思想道德素质和科学文化素质，促进人的全面发展，增强国家文化软实力，为坚持和发展中国特色社会主义提供强大精神力量。

（一）文化领域存在的突出问题

当前，我国发展进入新常态，改革进入深水区和攻坚期，经济社会发展中存在不平衡、不协调、不可持续等问题，面临着思想观念的障碍、体制机制的痼疾、利益固化的藩篱等。特别是文化领域存在一些突出的问题，其主要表现在以下方面：

第一，文化分裂，缺乏整体意识。没有把文化作为一个整体，而是各立山头、各自为政，如新闻、出版、广播、电影电视、文化艺术、体育等，分属众多部门，分头管理或多头管理，缺乏有机互动、相互合作。文化部门相互排斥，“占山为王”，以部门利益为重，缺乏全局意识、大局意识、整体意识。

第二，定位不清，缺乏文化共识。对文化的定位不准确、不清晰，处于一种模糊、尴尬的境地。长久以来，在传统文化和现代文化、本土文化与外来文化、科学文化与人文文化、主流文化与多元文化之间摇摆，缺乏基于多元文化的普遍共识。

第三，出现某种“文化偏执”。“文化偏执”是指片面地执着于某种文化情景的生活，在物质生活和精神生活方面偏重于物质和金钱，在市场经济大潮下偏重“向钱看”，多以金钱、地位来衡量人，精神生活弱化，社会精神趋向片面化和庸俗化，忘却生活世界的文化全面性。

第四，文化泛化。把文化泛化，甚至与经济、市场、政治、社会交往、文艺生活以及休闲娱乐等领域混为一谈，没有认识清楚文化的本质，没有划分文化的边界和范围。

第五，“文化过度”。没有认识到文化的“限度”，不尊重自然，盲目地“改造自然”“控制自然”“征服自然”，过度地开发和享用自然资源，对自然进行任意掠夺，奢侈消费。

第六，存在文化混乱。这一问题表现为社会文化生活中的乱象，特别显现在媒体文化领域，各种新媒体、自媒体纷纷登场，其商业效应、社会效应和文化效应让人们始料不及，处于一种被动的应付状态，社会文化生活显得“任性”、秩序混乱，等等。

上述问题严重地影响文化的发展，对社会发展以及人类自身的发展都是消极的，需要进行治理。

（二）文化治理的重要意义

加强文化治理、建设社会主义文化强国，是我国建设中国特色社会主义、全面建成小康社会的必然选择，是中华民族追求自强、实现伟大复兴的必然选择，也是应对日趋激烈的综合国力竞争、制衡西方大国文化扩张的必然选择，对世界文化发展乃至人类和平与文明进步具有重大意义。

1. 有助于完善国家治理体系

中共十八届三中全会提出国家治理体系和战略框架——经济、政治、文化、社会、生态文明五位一体，建设富强民主文明和谐的社会主义现代化国家。文化治理是国家治理体系的一部分。全面建成小康社会，就是既要让人民过上殷实富足的物质生活，又要让人民享有健康丰富的文化生活。因此，必须加快推进文化发展繁荣，改善文化民生，更好地保障人民的基本文化权益，满足人民多样性的精神文化需求，让文化建设成果由人民共享，提高人民的幸福指数。

2. 有助于增强我国文化软实力

文化软实力，就是指与经济力、军事力、科技力相对应的通过文化载体和文化方式表现的影响和能力。它对内表现为民族的向心力和凝聚力，对外表现为国家的亲和力和影响力。近年来，许多国家把加快文化发展、提高文化软实力作为增强综合国力和国家核心竞争力的重要战略选择。因此，要在日趋激烈的竞争中赢得主动，必须努力推动文化建设，把我国文化资源转化为强大的文化竞争力，切实提高国家文化软实力，维护国家文化安全。

3. 有助于实现中华民族伟大复兴中国梦

我们所追求的中华民族伟大复兴，包括经济的发展、政治的文明、社会的和谐、生态的美丽、文化的复兴，而且文化的复兴及其所达到的高度和成就，较之经济和政治更具竞争力、生命力。因此，我们必须大力推动文化发展繁荣，不断增强文化自觉、文化自信和文化自强，弘扬中国精神，凝聚中国力量，建设面向现代化、面向世界、面向未来的社会主义先进文化，不断增强中华文化的核心竞争力。

（三）文化治理的目标

加强文化治理、建设社会主义文化强国，要实现以下几个目标：

第一，人民享有健康丰富的精神文化生活。文化建设的最终目的是满足人民群众的精神文化需求，使适应人民需要的文化产品更加丰富，精品力作不断涌现，促进人的全面发展。让人民享有健康丰富的精神文化生活，是全面建成小康社会的重要内容，是提升群众幸福指数的有效途径，也是社会主义文化强国的重要体现。

第二，社会主义核心价值体系深入人心。社会主义核心价值体系是兴国之魂，是社会主义先进文化的精髓，决定着中国特色社会主义的发展方向。应加强社会主义核心价值体系建设，是建设社会主义文化强国的根本任务。应提高掌握先进文化前进方向的控制力，提高驾驭意识形态复杂局面、引领社会思潮的能力。

第三，公民素质全面提升。良好思想道德风尚进一步弘扬，公民素质明显提高。人是社会的主体。人的全面自由发展，既是中国特色社会主义事业取得最终胜利的根本保障，也是社会主义文化强国最终建成的必要条件。国民素质较高，是文化强国的一个基础性指标。

第四，文化事业、文化产业全面繁荣。文化事业发展顺利，覆盖全社会的公共文化服务体系基本建立，努力实现基本公共文化服务均等化；文化产业成为国民经济支柱性产业，整体实力和国际竞争力显著增强，公有制为主体、多种所有制经济共同发展的文化产业格局全面形成；文化管理体制和文化产品生产经营机制充满活力、富有效率。

第五，全社会文化自觉、文化自信增强。文化自觉和文化自信，是我们进行社会主义文化强国建设应有的精神状态和思想风貌。是否具备高度的文化自觉和文化自信，事关文化的传承、创新，事关文化的振兴、繁荣。培育高度的文化自觉、文化自信，是建设社会主义文化强国的思想基础和先决条件。

第六，中华文化创造力、竞争力显著提升，影响力不断扩大。文化是最需要创新的领域，创新是文化的本质特征。一部人类文化发展史，实际上就是一部文化创新史。只有不断创新，文化才能迸发活力、充满创造力、形成竞争力。文化强国，强就强在创新。一个国家要对世界产生影响，不仅要靠政治、经济和军事力量，而且要靠文化力量。应使以民族文化为主体、吸收外来有益文化、推动中华文化走向世界的文化开放格局进一步完善，高素质文化人才队伍发展壮大、文化繁荣发展的人才保障更加有力。建设社会主义文化强国，就要不断提升中华文化的影响力。

按照实现全面建成小康社会奋斗目标的新要求，要为实现这些目标共同努力，不断提高文化治理科学化水平，为把我国建设成为社会主义文化强国打下坚实基础。

在当代中国，进行社会主义文化建设，加强文化治理，就是以马克思主义为指导，以培育有理想、有道德、有文化、有纪律的社会主义公民为目标，发展面向现代化、面向世界、面向未来的，民族的科学的大众的社会主义文化。这种文化，既来源于中华民族数千年文明史，又吸纳世界上的一切优秀文明成果；既植根于中国社会主义现代化的实践，又具有宽广的世界眼光和现代特质；既包含了当代科学和文化的最新成就，又为广大人民群众所喜闻乐见。就是说，社会主义文化，具有鲜明的时代特征、民族特色、科学品格、大众导向、人文精神。建设社会主义文化，就是着眼于培育和弘扬民族精神，不断丰富人们的精神世界，不断增强人们的精神力量，为推进国家治理体系和治理能力现代化提供精神支撑和智力工具。

文化治理，必须遵循以下重要方针：

第一，坚持以马克思主义为指导，推进马克思主义中国化、时代化、大众化，用中国特色社会主义理论体系武装头脑、指导实践、推动工作，确保文化改革发展沿着正确的道路前进。

第二，坚持社会主义先进文化前进方向，坚持为人民服务、为社会主义服务，坚持百花齐放、百家争鸣，坚持继承和创新相统一，弘扬主旋律、提倡多样化，以科学的理论武装人，以正确的舆论引导人，以高尚的精神塑造人，以优秀的作品鼓舞人，在全社会形成积极向上的精神追求和健康文明的生活方式。研究社会主义先进文化传播规律，构建传输快捷、覆盖广泛的文化传播体系，提高先进文化的传播效力，引导社会舆论。

第三，坚持以人为本，贴近实际、贴近生活、贴近群众，发挥人民在文化建设中的主体作用，坚持文化发展为了人民、文化发展依靠人民、文化发展成果由人民共享，促进人的全面发展，培育有理想、有道德、有文化、有纪律的社会主义公民。维护全社会文化公平，实现文化正义，促进人的全面发展。

第四，坚持把社会效益放在首位，坚持社会效益和经济效益有机统一，遵循文化发展规律，适应社会主义市场经济发展要求，加强文化法制建设，一手抓繁荣，一手抓管理，推动文化事业和文化产业全面、协调、可持续发展。遵循文化发展规律，努力把思想性、艺术性和观赏性统一起来，把社会效益与经济效益统一起来，把发展文化事业与发展文化产业统一起来。

第五，坚持改革开放，着力推进文化体制机制创新，以改革促发展、促繁荣，不断解放和发展文化生产力，解放社会主义文化生产力，增强文化企事业单位的活力，提高先进文化的影响力和感召力。

第六，提高文化开放水平，推动中华文化走向世界，积极吸收各国优秀文明成果，切实维护国家文化安全。确保国家的文化安全，增强社会主义先进文化在国际文化交流中的竞争力。

我们既不能依傍古人，因循守旧，简单地“复兴传统”，也不能模仿外国，照搬照抄，“全盘西化”。只能以“我”为主，以自觉的文化态度、独立的自省精神和开放的创造精神，走自己的路，古为今用，洋为中用，在借鉴人类一切优秀文化成果的基础上，独立自主，创造具有

“中国特色、中国气派、中国风格”的社会主义先进文化。

用科学发展观引领文化建设，核心是以人为本，根本要求是全面、协调、可持续，基本方法是统筹兼顾。文化就是人化，必须发挥人民在社会主义文化建设中的主体作用。文化治理，是为了解放和发展文化生产力，满足人民群众不断增长的需求，不断巩固全党全国人民团结奋斗的共同思想基础，建设和谐文化，提高全民族的思想道德素质和科学文化素质，促进文化大发展大繁荣。用全面的观点看待文化治理，就要把我国的文化建设与世界联系起来，瞄准世界文化发展前沿，增强文化在综合国力竞争中的地位和作用，努力促进社会的全面进步和人的全面发展。文化治理，要与经济、政治、社会治理相协调，正确处理实际生活中的各种矛盾，营造一种良好的氛围。注重文化发展的可持续，区分文化的不同层面和性质，弘扬优秀文化，抵制不良文化，引导先进文化的发展方向，确保文化建设的成果惠及全体人民。要从全局和战略高度，充分认识文化建设的重要地位和作用，切实把文化治理摆在全局工作的重要位置，纳入重要议事日程，纳入经济社会发展全局。进一步增强政治意识、大局意识、责任意识，牢牢把握文化治理的主动权，形成推进文化治理的强大合力。各有关部门要按照职责分工，发挥各自优势，为文化治理提供强有力的支持。

（四）推进文化治理现代化

推进文化治理现代化，需要确立文化自觉、文化自信，实现文化的全面发展、协调发展、可持续发展，建设社会主义文化强国，建立健全文化建设的长效机制，切实搞好公益性文化事业，深化文化体制改革，发展经营性文化产业，促进社会主义文化大发展大繁荣。

文化治理的任务是：形成四个体系（覆盖全社会的公共文化服务体系，统一、开放、竞争、有序的现代文化市场体系，完善的文化创新体系，完善的文化法律法规体系），形成两个体制机制（科学有效的宏观文化治理体制，富有效率的文化生产和服务的微观运行机制），形成两个格局（以公有制为主体、多种所有制经济共同发展的文化产业格局，以民族文化为主体、吸收外来有益文化、推动中华文化走向世界的文化开放格局）。

进一步推动文化建设与经济建设、政治建设、社会建设以及生态文明建设协调发展，更好地满足人民精神需求、丰富人民精神世界、增强人民精神力量，为继续解放思想、坚持改革开放、推动科学发展、促进社会和谐提供坚强思想保证、强大精神动力、有力舆论支持、良好文化条件。

这突出体现在以下方面：

第一，充分开掘思想文化资源，实现创造性转化。中华文化源远流长，积淀着中华民族最深层的精神追求，为中华民族生生不息、发展壮大提供了丰厚滋养。要系统梳理传统文化资源，如习近平总书记所说，要让收藏在禁宫里的文物、陈列在广阔大地上的遗产、书写在古籍里的文字都活起来。要对中国优秀传统文化进行深入的挖掘和阐发，实现创造性转化和创新性发展。要着眼于培育和弘扬民族精神，不断丰富人们的精神世界，不断增强人们的精神力量，为中国特色社会主义事业提供思想指导、精神动力、智力支持、方法导向。

第二，实现文化管理体制机制创新。文化体制改革关键是确立“大文化”概念，建立大文化管理体制，完善文化政策与法规。借鉴国外文化体制的经验，弘扬中国传统文化的优良传统，创造适合时代的社会主义先进文化。

应理顺文化体制中的三个基本关系：（1）党政关系。文化具有意识形态和产业形态双重属性。要避免党政不分、以党代政、多头管理的弊端，把党委和政府部门的职责明确下来，使其各司其职、各负其责。要实现从党管意识形态向党抓主流意识形态建设的战略性转变，通过理论创新来带动文化创新。通过依法行政，建立国家的公共文化管理制度。（2）政府与文化行业的关系。政府主要通过法律、行政、经济等手段，对文化事业和文化产业进行指导、规划、协调、服务、监督和管理。要克服政府部门权力化，划定政府部门之间的职能范围、管理权限。（3）文化行政部门与基层单位的关系。要按照市场规则要求，解除基层单位对上级主管部门的依附关系，完善法人结构，实现基层单位的市场主体化。要制定和完善扶持公益性文化事业、发展文化产业、激励文化创新等方面的政策。要转变政府职能，由“办文化”转向“管文化”，由管微观转向管宏观，由主要管理直属单位转向管理社会。

应创新文化管理体制。建议实行大部制，组建文化委员会，统一管理文化事务。必须加强和改进文化领域宏观管理，加快转变政府职能，建立公共文化服务型政府，明确文化行政管理部门职责，理顺文化行政管理部门与所属文化企事业单位的关系，实行政企分开、政事分开。从粗放式管理向分类化、精细化管理转型。

应深化文化事业单位改革，分类推进，突出公益属性、强化服务功能、增强发展活力，全面推进人事、收入分配和社会保障制度改革，明确服务规范，加强绩效评估考核，创新公共文化服务设施运行机制。

第三，完善文化政策和法规。制定和完善公共文化服务保障、文化产业振兴、文化市场管理等方面的法律法规，将文化建设的重大政策措施适时上升为法律法规，加强地方文化立法，提高文化建设法制化水平。

第四，建立健全现代文化市场体系。加强文化市场建设与管理，构建统一、开放、竞争、有序的现代文化市场体系。加快发展各类文化产品和要素市场，打破条块分割、地区封锁、城乡分离的市场格局，促进文化产品和要素合理流动。核心是调整政府与市场的关系，重点是使市场在文化资源配置中起决定性作用。主要解决四个问题：一是保障各类文化市场主体权利平等、机会平等、规则平等，二是推动文化企业跨地区、跨行业、跨所有制兼并重组，三是提高文化企业规模化、集约化、专业化水平，四是提高国有文化企业社会公信力。

第五，构建现代公共文化服务体系。发展文化事业，构建覆盖全社会的公共文化服务体系。现代公共文化服务体系的内涵包括：保障公民的文化自由，维护文化权利公平，鼓励公民文化参与，提供基本公共文化服务，等等。核心是调整政府与社会的关系，重点是维护公民的文化权利。政府要构建多元主体共同参与的平台，培育各类社会文化参与主体，把文化创造的自由权交给社会和公众，以开放平等的姿态来激发文化创造活力。发展文化产业，使文化产业成为国民经济支柱性产业。大力推进文化产业升级，用先进科学技术促进文化产业发展。统筹文化建设、文化服务，进一步提高公共文化服务效能；统筹文化布局结构与规模速度，进一步提高文化产业质量和效益；统筹国内国外两个市场，进一步扩大文化发展的空间。扩大文化服务消费，提供个性化、分众化的文化产品和服务，培育新的文化消费增长点。动员各方面力量，引导社会对文化进行投资，共同参与文化建设。

要统筹经济治理、政治治理、文化治理、社会治理、生态治理，把文化治理放在更加重要的位置。

第四章　中国共产党的文化观

中国共产党从成立之日起，就既是中华优秀传统文化的忠实传承者和弘扬者，又是中国先进文化的积极引领者和践行者。我们党历来高度重视运用文化引领前进方向、凝聚奋斗力量，团结带领全国各族人民不断以思想文化新觉醒、理论创造新成果、文化建设新成就推动党和人民的事业向前发展，文化工作在革命、建设、改革时期都发挥了不可替代的重大作用。当代中国共产党人和中国人民应该而且一定能够担负起新的文化使命，在实践创造中进行文化创造，在历史进步中实现文化进步！

一、文化的本质及管理方式

中国共产党自成立之日起便以马克思主义为指导，以改造中国社会为己任，一开始就注意建立健全党的宣传机构，确立党对文化的领导地位。早期的中国共产党人陈独秀、李大钊、李达、瞿秋白、杨明斋等正是从马克思主义的基本立场出发，在不同程度上探讨了文化问题，并形成了较清晰的基本观点。概括地说：其一，阐述了经济基础决定文化变迁的观点，指出物质生产、经济发展决定“精神文化”和“思想变动”。同时，文化、道德、宗教、教育等具有“改造社会”的作用，即承认精神力量可以反作用于经济基础。其二，中国文化的出路，既不在崇古复古，也不在皈依西化，而是通过反帝反封建的民主革命，行向“社会主义的文明”（瞿秋白语，即建设无产阶级或社会主义文化）。中国共产党成立前后，正是中西文化论战激烈之时，早期的共产党人超越东方文化派隆古抑西式的崇古和西化派隆西抑中式的崇洋，阐述了中国文化发展的新路。他们认为，中国旧有文化反映和维护封建宗法制度和伦理纲常，并且已经成为西方列强借以愚弄中国人民的工具，所以主张复活旧有文化无异于为反动势力张目。同时，西方资本主义文化已经百病丛生，而新兴的、健康的文化是无产阶级革命文化，即社会主义文明，我们应当欢迎和建设的是这种文化。①

1929 年 6 月 25 日，中共六届二中全会通过的《宣传工作决议案》规定，中宣部必须有健全的组织，其中设置与文化管理有关的审查科和文化工作委员会。

抗日战争时期，中国共产党文化观的代表作是毛泽东的《新民主主义论》（最初名为《新民主主义的政治与新民主主义的文化》）、《在延安文艺座谈会上的讲话》以及张闻天的《抗战以来中华民族的新文化运动与今后的任务》等。毛泽东将社会划分为经济、政治、文化三大领域，认为一定的文化（当作观念形态的文化）是一定社会的政治和经济的反映，同时反作用于一定社会的政治和经济。革命文化是无产阶级整个事业的一部分，必须“作为团结人民、教育人民、打击敌人、消灭敌人的有力的武器”②。这种文化即为新民主主义文化，即无产阶级领导的人民大众反帝反封建的文化，是民族的、科学的、大众的、民主的文化。

1949 年 9 月，毛泽东在中国人民政治协商会议第一届全体会议上，在提出“经济建设”任务的同时，提出了“文化建设”的任务。他认为，随着经济建设高潮的到来，不可避免地将要出现一个文化建设的高潮。中国人被人认为不文明的时代已经过去了，我们将以一个具有高度文化的民族出现于世界。

---

① 郑师渠．中国共产党文化思想史研究．北京：中共中央党校出版社，2007：29.

② 毛泽东．毛泽东选集：第 3 卷．2 版．北京：人民出版社，1991：848.

在新中国成立后的很长一段时间内，文化管理基本上沿用战争年代发展起来的对文化进行意识形态控制的管理方式、方法和手段，甚至用党内指示或行政命令的方式组织动员、实施文化管理工作。

毛泽东在社会主义革命和建设过程中，反复强调思想文化随着经济基础的变动亦必须进行革命性变革。思想文化作为整个社会主义革命和建设事业的一部分，应该促进和配合经济、政治等方面的社会主义革命和建设事业。什么是社会主义文化？概括言之，即以马克思主义为指导，彰显阶级性、革命性、战斗性和人民性，为无产阶级政治服务、为工农兵服务，将文化普及摆在首位，以培养具有共产主义精神的革命事业接班人为目标的文化。“百花齐放、百家争鸣的方针，是促进艺术发展和科学进步的方针，是促进我国的社会主义文化繁荣的方针。”①

中共十一届三中全会后，在改革开放的新时期，中国共产党对文化本质与地位、功能的认识逐渐发生变化，其特点是视野更宏阔、更具时代感。一方面，依然坚持文化与政治、经济关系的基本原理，也没有放弃文化的阶级性原则，但是它们作为理论支撑退隐到更深层的基础地位上，不再被经常提起和突出强调。另一方面，突破了过去主要强调文化的配合作用、配角定位和政治功能的思路和框架，高度重视文化自身的主动性、独立性和在整个中国特色社会主义建设事业战略布局中的作用，其标志是社会主义精神文明和中国特色社会主义文化概念的相继提出和阐释。中共十一届三中全会后，社会主义建设被概括为物质文明和精神文明两个方面。1979 年，叶剑英在庆祝中华人民共和国成立 30 周年大会上发表讲话，提出了建设高度的社会主义精神文明的任务。同年 10 月 30 日，邓小平在中国文学艺术工作者第四次代表大会上再次提出我们要在建设高度物质文明的同时，建设高度的社会主义精神文明。此后，邓小平又多次在讲话中谈到精神文明建设的主要内容及意义。他说：“所谓精神文明，不但是指教育、科学、文化（这是完全必要的），而且是指共产主义的思想、理想、信念、道德、纪律，革命的立场和原

① 毛泽东．毛泽东文集：第 7 卷．北京：人民出版社，1999：229.

则，人与人的同志式关系，等等。”① “不加强精神文明的建设，物质文明的建设也要受破坏，走弯路。”② “属于文化领域的东西，一定要用马克思主义对它们的思想内容和表现方法进行分析、鉴别和批判。”③ 1981 年，中共十一届六中全会通过的《关于建国以来党的若干历史问题的决议》进一步把“社会主义必须有高度的精神文明”作为中共十一届三中全会以来确立的适合中国国情的社会主义现代化建设道路的十个要点之一。1982 年，中共十二大报告设专节阐述社会主义精神文明，指出：“物质文明的建设是社会主义精神文明的建设不可缺少的基础。社会主义精神文明对物质文明的建设不但起巨大的推动作用，而且保证它的正确的发展方向。两种文明的建设，互为条件，又互为目的。”十二大报告把社会主义精神文明建设分为文化建设和思想建设两个方面。文化建设指的是教育、科学、文学艺术、新闻出版、广播电视、卫生体育、图书馆、博物馆等各项文化事业的发展和人民群众知识水平的提高；思想建设的主要内容是革命的理想、道德和纪律。1986 年发布《中共中央关于社会主义精神文明建设指导方针的决议》，精神文明被界定为社会主义的重要特征之一，是社会主义制度优越性的重要体现。精神文明建设的根本任务是：适应社会主义现代化建设的需要，培养有理想、有道德、有文化、有纪律的社会主义公民，提高整个中华民族的思想道德素质和科学文化素质。

1991 年，江泽民同志在庆祝中国共产党成立 70 周年大会上提出了建设有中国特色社会主义经济、政治和文化的战略目标，指出：“有中国特色社会主义的文化，必须以马克思列宁主义、毛泽东思想为指导，不能搞指导思想的多元化；必须坚持为人民服务、为社会主义服务的方向和‘百花齐放、百家争鸣’的方针，繁荣和发展社会主义文化，不允许毒害人民、污染社会和反社会主义的东西泛滥；必须继承发扬民族优秀传统文化而又充分体现社会主义时代精神，立足本国而又充分吸收世

① 邓小平．邓小平文选：第 2 卷．2 版．北京：人民出版社，1994：367.

② 邓小平．邓小平文选：第 3 卷．北京：人民出版社，1993：144.

③ 同②44.

界文化优秀成果，不允许搞民族虚无主义和全盘西化。”①

1992年10月，中共十四大报告强调精神文明重在建设，要求高度重视理论建设，保障学术自由，注重理论联系实际，创造性地开展研究，繁荣哲学社会科学，坚持和发展马克思主义；坚持为人民服务、为社会主义服务的方向和百花齐放、百家争鸣的方针，积极推进文化体制改革，完善文化事业的有关政策，繁荣社会主义文化；加强新闻、出版、广播、电视和文学艺术等方面的工作；继承和发展中华民族优良的思想文化传统，吸收人类文明发展的一切优秀成果，在生动、丰富的社会主义实践中创造出人类先进的精神文明。

1994年至1996年，江泽民同志在多次重要会议上强调宣传思想文化工作在全党工作中具有特别重要的地位和作用；提出要以邓小平建设有中国特色社会主义理论为根本指针，以科学的理论武装人，以正确的舆论引导人，以高尚的精神塑造人，以优秀的作品鼓舞人，努力为改革、建设提供良好的舆论环境，为经济建设和社会进步提供有力的保证。

1996年10月，中共十四届六中全会通过了《中共中央关于加强社会主义精神文明建设若干重要问题的决议》，提出了在新的历史发展阶段精神文明建设的指导思想、目标任务、基本方针和重要措施。

1997年9月，中共十五大报告提出：有中国特色社会主义的文化，是凝聚和激励全国各族人民的重要力量，是综合国力的重要标志。从十五大到十七大，每次党代会报告均设专节阐述社会主义文化建设问题，并且不断有与时俱进的新认识，如中共十五大报告提出：发展面向现代化、面向世界、面向未来的，民族的科学的大众的社会主义文化；有中国特色社会主义的文化是综合国力的重要标志；把建设中国特色社会主义文化作为党在社会主义初级阶段的基本纲领的内容之一。世纪之交，“三个代表”重要思想提出，中国共产党要始终代表中国先进文化的前进方向，这成为新时代党自我定位的一个重要方面。“将文化建设从党

① 中共中央文献研究室．十三大以来重要文献选编（下）．北京：人民出版社，1993：1643-1644．

所领导的一个重要方面的工作，上升到党的建设的本质层次和政治方向上来”①，把党的前途命运与文化联系起来，或者从文化的视角考察和思考党的建设，标志着党的文化使命感的增强，标志着党的执政意识、执政思想和执政艺术的成熟，反映了执政党对文化的重视达到一个前所未有的高度。

2002年11月，中共十六大报告专门阐述了文化建设和文化体制改革问题；提出文化在“在综合国力竞争中的地位和作用越来越突出。文化的力量，深深熔铸在民族的生命力、创造力和凝聚力之中”②；强调牢牢把握先进文化的前进方向，坚持弘扬和培育民族精神，切实加强思想道德建设，大力发展教育和科学事业，积极发展文化事业和文化产业，继续深化文化体制改革。

2003年10月，胡锦涛同志在中共十六届三中全会上提出和阐述了科学发展观，阐述了经济、政治和文化的相互联系，特别要求必须促进社会主义物质文明、政治文明和精神文明的协调发展，这对于当代中国文化的发展具有十分重大的意义。中国特色社会主义文化建设的根本目的是促进人的全面发展。强调人的全面发展是文化建设的最终目的，可以防止将文化功能工具化的倾向，有利于对文化的地位和作用进行科学认知，有利于保持文化的相对独立性和遵循文化发展规律。

2004年9月，《中共中央关于加强党的执政能力建设的决定》发布，强调坚持马克思主义在意识形态领域的指导地位，不断提高建设社会主义先进文化的能力，着重要求：积极推进理论创新，加强马克思主义理论研究和建设；深化文化体制改革，解放和发展文化生产力；牢牢把握舆论导向，正确引导社会舆论；努力探索新方式新方法，加强和改进思想政治工作；优先发展教育和科学事业，提高全民族的科学文化素质。

2006年8月，中共中央做出《关于构建社会主义和谐社会若干重大问题的决定》，把建设和谐文化、推动社会建设与经济建设、政治建

① 郭德宏．中国马克思主义发展史．北京：中共中央党校出版社，2001：427．

② 江泽民．江泽民文选：第3卷．北京：人民出版社，2006：558．

设、文化建设协调发展作为构建社会主义和谐社会的指导思想的重要内容，把“全民族的思想道德素质、科学文化素质和健康素质明显提高，良好道德风尚、和谐人际关系进一步形成”作为构建社会主义和谐社会的目标和主要任务之一。

2007年10月，中共十七大报告适应国内外形势的新变化，顺应人民的新期待，对全面小康社会的文化建设提出了新要求：建设社会主义核心价值体系，增强社会主义意识形态的吸引力和凝聚力；建设和谐文化，培育文明风尚；弘扬中华文化，建设中华民族共有精神家园；推进文化创新，增强文化活力。报告还提出要激发全民族文化创造活力，提高国家文化软实力，使人民群众基本文化权益得到更好保障，使社会文化生活更加丰富多彩，使人民精神风貌更加昂扬向上。

中共十七大报告指出：中华民族伟大复兴必然伴随着中华文化繁荣兴盛，要更加自觉、更加主动地推动文化大发展大繁荣，在中国特色社会主义的伟大实践中进行文化创造，让人民共享文化发展成果。这一论断，标志着我们党在文化建设中从文化自觉到文化主动的新境界，反映了对文化发展规律认识的新思想，开启了中国特色社会主义文化理论体系的新进程。报告特别要求：建设社会主义核心价值体系，增强社会主义意识形态的吸引力和凝聚力；建设和谐文化，培育文明风尚；弘扬中华文化，建设中华民族精神家园；推进文化创新，增强文化发展活力；在时代的高起点上推动文化内容形式、体制机制、传播手段创新。

2011年10月，中共十七届六中全会全面分析了新的形势和任务，总结了我国文化建设的丰富实践和宝贵经验，通过了《中共中央关于深化文化体制改革推动社会主义文化大发展大繁荣若干重大问题的决定》，做出了深化文化体制改革的战略部署，提出了建设社会主义文化强国的战略目标。中共中央办公厅、国务院办公厅2012年2月15日印发了《国家“十二五”时期文化改革发展规划纲要》，进行了具体的全面部署，明确了指导思想、重要方针和主要目标，内容包括加强社会主义核心价值体系建设、加快构建公共文化服务系统、加快发展文化产业、加快文化体制机制改革创新、加强文化产品创作生产的引导、加强传播体系建设、加强文化遗产保护传承与利用、加强对外文化交流与合作、加强文化人才队伍建设、政策措施、组织实施等。

2012 年 10 月，中共十八大报告指出，文化是民族的血脉，是人民的精神家园。全面建成小康社会，实现中华民族伟大复兴，必须推动社会主义文化大发展大繁荣，兴起社会主义文化建设新高潮，提高国家文化软实力，发挥文化引领风尚、教育人民、服务社会、推动发展的作用。建设社会主义文化强国，必须走中国特色社会主义文化发展道路，坚持为人民服务、为社会主义服务的方向，坚持百花齐放、百家争鸣的方针，坚持贴近实际、贴近生活、贴近群众的原则，推动社会主义精神文明和物质文明全面发展，建设面向现代化、面向世界、面向未来的，民族的科学的大众的社会主义文化。建设社会主义文化强国，关键是增强全民族文化创造活力，着力点是加强社会主义核心价值体系建设，全面提高公民道德素质，丰富人民精神文化生活，增强文化整体实力和竞争力。要坚持社会主义先进文化前进方向，树立高度的文化自觉和文化自信，向着建设社会主义文化强国宏伟目标阔步前进。

2017 年 10 月，中共十九大报告指出，文化是一个国家、一个民族的灵魂，文化兴国运兴，文化强民族强。要坚持中国特色社会主义文化发展道路，激发全民族文化创新创造活力，建设社会主义文化强国。中国特色社会主义文化，源自于中华民族五千多年文明历史所孕育的中华优秀传统文化，熔铸于党领导人民在革命、建设、改革中创造的革命文化和社会主义先进文化，植根于中国特色社会主义伟大实践。发展中国特色社会主义文化，就是以马克思主义为指导，坚守中华文化立场，立足当代中国现实，结合当今时代条件，发展面向现代化、面向世界、面向未来的，民族的科学的大众的社会主义文化，推动社会主义精神文明和物质文明协调发展。要坚持为人民服务、为社会主义服务，坚持百花齐放、百家争鸣，坚持创造性转化、创新性发展，不断铸就中华文化新辉煌。报告还强调：牢牢掌握意识形态工作领导权，培育和践行社会主义核心价值观，加强思想道德建设，繁荣发展社会主义文艺，推动文化事业和文化产业发展。

二、文化观的转型

中国共产党的文化观经历了从为无产阶级政治服务、建设革命型文化到为人民和社会主义服务、建设中国特色社会主义文化的转变。在中国特色社会主义进入新时代的今天，必须坚定文化自信，发展中国特色社会主义文化，坚持马克思主义的指导，牢固树立共产主义远大理想和中国特色社会主义共同理想，培育和践行社会主义核心价值观，不断增强意识形态领域主导权和话语权，推动中华优秀文化创造性转化、创新性发展，继承革命文化，发展社会主义先进文化，更好构筑中国精神、中国价值、中国力量。

新中国成立以前，中国文化的格局基本上是多元的，这种多元性可以从不同角度加以审视，如传统与现代、东方与西方、激进与保守、革命与改良、马克思主义与自由主义等。新中国成立后，中国文化开始转型和重建。在中国共产党的领导下，以确立马克思主义意识形态主导地位为核心，以知识分子的思想改造和文化批判运动为主要动力机制，到20世纪50年代末，文化转型基本完成，其标志是一元化文化样态的基本奠定。① 马克思主义作为文化建设、学术研究与艺术创作的指导思想地位牢固确立，且具有唯一性、独尊性和排他性；马克思主义的基本原理或立场、分析方法与框架、概念和范畴等必须应用和反映于一切文化领域中；意识形态考量、政治正确和道德理想主义追求具有压倒一切的优势，在文化普及或大众化导向中凸显。

这种一元的文化格局带来了中国思想文化的新景观。撇开马克思主义的意识形态主导地位不论，就其作为一种知识和方法论体系而言，它对社会与历史问题的分析和解答便有不同于其他理论和方法的独到之处，能够拓展特定的学术艺术领域，形成独具特点的文化范式。例如，

---

① 杨凤城．新中国建立初期的文化转型研究．党史研究与教学，2008（2）．

在哲学领域，对马克思主义哲学的阐释、对中外哲学遗产的分析，凸显唯物主义与唯心主义、辩证法与形而上学的两军对垒或“两条路线”。在史学领域，以马克思关于五种社会生产方式的理论总揽历史的发展，以生产力决定生产关系、经济基础决定上层建筑的理论透视历史，凸显历史中的阶级冲突和阶级斗争、凸显人民群众在历史发展中的决定性地位和作用。在文学艺术领域，围绕为工农兵服务、为政治服务的总方针，遵循“社会主义现实主义”原则——1953 年第二次全国文代会上被确定为文艺创作和批评的最高准则，形成颂歌高扬和表达方式努力大众化的文艺范式，等等。不能否认，在确立和巩固马克思主义意识形态主导地位的同时，不同程度地存在试图用马克思主义取代一切文化成果的倾向。似乎马克思主义囊括了所有真理，其他思想体系大多是谬误，值得肯定的东西很少，其价值和意义主要是历史的。马克思主义没有涉及的领域或者很难直接应用马克思主义理论进行分析和研究的问题，或明或暗地成为禁区。源于现代西方的一些文化成果被简单化地冠以“资产阶级的伪科学”而遭否定甚至废弃。中国传统文化则定性为封建主义而在实际上遭到否定。这就导致了思想文化领域的单一化和沉闷局面。

土地革命战争时期中共在国民党统治区领导和影响下的左翼文化运动，一度使唯物辩证法的研究和应用风靡全国；革命文艺创作和文艺大众化呼声引人注目；在围绕中国社会性质、中国社会史、中国农村性质的论战中，马克思主义的解答和分析影响巨大，实际上通过学术论争的方式传播了中国共产党的相关认识和结论。这些因素对新中国成立后的文化转型无疑具有潜在的作用，在某种程度上做了思想上和队伍上的准备。

在革命战争年代，文化直接配合阶级斗争的现实需要是一大特点，从这个意义上说，革命文化主要表现为对革命思想和革命运动的宣传。“苏维埃文化运动”“抗日文化运动”便是典型。适应这一要求，文化普及和大众化被摆在首要位置。文艺作为反映社会生活最灵敏、影响最广泛的文化形式成绩最为突出。各种演剧团创作和演出的话剧、歌舞剧、活报剧、秧歌剧，革命知识分子创作的诗歌（特别是街头诗和诗传单）、小说，改编的歌谣、民歌，创办的各种文艺刊物、墙报、宣传画，等等，大多体现着文艺大众化和为工农兵服务的宗旨。而且，其他方面也做着同样的努力，如艾思奇的《大众哲学》等。从某种程度上讲，这种一元文化格局实际上是革命根据地文化在全国的推演和扩展。

改革开放后，一元文化形态渐渐被解构，一个追求并实践着多样化或多元化的文化时代逐渐呈现。如果说新中国成立初期，由多元文化向一元文化的转型是第一次文化转型的话，那么，中共十一届三中全会则开启了第二次文化转型的历程，即由一元文化向多元文化的转型。当然，这次文化转型绝不是回归旧中国的多元文化格局。改革开放几十年形成的多元文化格局，是在马克思主义一元指导地位不变的情况下，在中国特色社会主义建设的时代背景下的文化多样化发展，不是也不可能是简单的历史复归。这种一元主导下的多元文化格局在20世纪与21世纪之交基本形成，大约经历了20年的时间，与第一次文化转型相比时间长出一倍。这主要是因为第一次文化转型从某种意义上说是外源性的，即政治与行政干预力极强；第二次文化转型相较之下更接近于内源性变迁，即随着经济社会发展，文化自身内在驱动的自然发展过程。

中国特色社会主义文化理论是中国特色社会主义理论体系的重要组成部分。中国先进文化理论，萌芽于五四新文化运动，起源于新民主主义文化纲领，从社会主义精神文明到“三个代表”重要思想之一“代表中国先进文化的前进方向”，逐步把党的先进性本质同先进文化相联系，对文化的本质、结构、地位和作用的认识日益走向成熟。当代中国先进文化发展的方向，就是要坚持以马克思主义为主导，吸收中国传统文化和其他国家、民族的优秀文化，赋予其新的时代内涵，创造新的文化。

改革开放新时期形成的多元文化格局可以从各个方面加以考察。例如，在丰富的精神产品背后，马克思主义、中国传统文化、西方各种现代及后现代理论等构成了各家言说的基础理论。一些学者从主流文化、精英文化和大众文化的三分格局来审视当代中国文化的多元。主流文化，即马克思主义指导下的面向或服务于改革开放和现代化建设实际的主流意识形态及其文化形式。精英文化，即恪守知识追求和审美规则、坚守文化自律性的严肃文化，以知识分子精英为代表。大众文化，即以普通民众的文化需求和审美取向为鹄的、以市场为舞台而进行的文化。主流文化、精英文化和大众文化三者之间的关系如何？主流文化是主流意识形态和价值观的承载者、传播者，是整个文化建设的调控中心。它一方面认可文化的多样性、多功能性；另一方面保持着对其他文化的审视和批判功能，以保证文化发展的社会主义大方向。精英文化在某种意义上起着整个民族文化大厦的基石作用。它并不拒绝主流文化的青睐，也不完全拒绝文化市场的“畅销”和文化资本的“捐助”。当然，前提是不损害其审美和知识追求的立场。大众文化的功能在于满足具有一定文化水平和消费能力的人口众多的普通百姓的需求，从这个意义上说，它是文化的主体、主潮。大众文化对于主流文化、精英文化具有去政治化、去神圣化的颠覆性，但同时能成为主流文化和精英文化的普及者、传播者或者助手。大众文化快速膨胀，一度形成了对主流文化的遮蔽和对精英文化的冲刷。

可以说，三种文化的并立与共处反映了当代中国文化的多彩格局。①

在现代化、全球化的浪潮中，中国在参与全球经济、政治、文化的交流与竞争中，其文化发展呈现出前现代与现代、后现代并存的复杂的文化景观。既有原生态的少数民族文化，又有与市场经济紧密相连的创意产业文化，也有大众参与的世俗娱乐文化，还有与高科技相伴的数字信息文化，等等，构成多元文化状态。

三、文化战略部署

当今世界正处在大发展、大变革、大调整时期，世界多极化、经济全球化深入发展，科学技术日新月异，各种思想文化交流、交融、交锋

① 杨凤城．中国共产党 90 年的文化观、文化建设方针与文化转型．中国人民大学学报，2011（3）．

更加频繁，文化在综合国力竞争中的地位和作用更加凸显，维护国家文化安全的任务更加艰巨，增强国家文化软实力、中华文化国际影响力的要求更加紧迫。

总结我国文化改革发展的丰富实践和宝贵经验，研究部署深化文化体制改革，推动社会主义文化大发展大繁荣，进一步兴起社会主义文化建设新高潮，对夺取全面建成小康社会新胜利、开创新时代中国特色社会主义事业新局面、实现中华民族伟大复兴具有重大而深远的意义。

改革开放以来，我们党始终把文化建设放在党和国家全局工作的重要战略地位，坚持物质文明和精神文明两手抓，实行依法治国和以德治国相结合，促进文化事业和文化产业同发展，推动文化建设不断取得新成就，走出了中国特色社会主义文化发展道路。我们坚持解放思想、实事求是、与时俱进，不断推进马克思主义中国化、时代化、大众化，形成和发展了中国特色社会主义理论体系，为开辟和拓展中国特色社会主义道路、确立和完善中国特色社会主义制度提供了科学理论指导；坚持推进社会主义核心价值体系建设，用马克思主义中国化最新成果武装全党、教育人民，用中国特色社会主义共同理想凝聚力量，用以爱国主义为核心的民族精神和以改革创新为核心的时代精神鼓舞斗志，用社会主义荣辱观引领风尚，巩固了全党全国各族人民团结奋斗的共同思想道德基础；坚持为人民服务、为社会主义服务的方向和百花齐放、百家争鸣的方针，发扬广大人民群众和文化工作者的创造精神，推动优秀文化产品大量涌现，丰富了人民精神文化生活；坚持推进文化体制改革，创新文化发展理念，解放和发展文化生产力，推动文化事业全面繁荣、文化产业健康发展，大幅度提高了人民基本文化权益保障水平，大幅度提高了文化在经济社会发展中的地位和作用；坚持发展多层次、宽领域对外文化交流格局，借鉴吸收人类优秀文明成果，实施文化“走出去”战略，不断增强中华文化国际影响力，向世界展示了我国改革开放的崭新形象和我国人民昂扬向上的精神风貌。我国文化改革发展，显著提高了全民族思想道德素质和科学文化素质，促进了人的全面发展，显著增强了国家文化软实力，为坚持和发展中国特色社会主义提供了强大精神力量。

随着中国特色社会主义进入新时代，习近平总书记从文化的高度和立场系统展开对“中国特色”的文化建构，深刻彰显“中国特色”文化自信的本质属性，为建设社会主义文化强国提供了重要理论指导和行动指南。习近平总书记明确指出，坚持社会主义核心价值体系，必须更好构筑中国精神、中国价值、中国力量，为人民提供精神指引。

坚持以爱国主义为核心更好构筑中国精神。习近平总书记指出：“精神是一个民族赖以长久生存的灵魂，唯有精神上达到一定的高度，这个民族才能在历史的洪流中屹立不倒、奋勇向前。”伟大的事业需要伟大的精神。坚持以爱国主义为核心更好构筑中国精神，正是习近平总书记文化思想的基本指向。必须大力弘扬以爱国主义为核心的民族精神和以改革创新为核心的时代精神。

坚持以建设社会主义核心价值观为支撑更好构筑中国价值。习近平总书记指出，核心价值观是决定文化性质和方向的最深层次要素，当代中国价值观念，就是中国特色社会主义价值观念，代表了中国先进文化的前进方向。核心价值观是一个民族、一个国家最持久最深层的力量和重要稳定器。坚持以人民为中心，让包括思想理论、文学艺术和文化产品等在内的一切思想文化建设成果都能够充分观照人民的生活、命运、情感，充分表达人民的心愿、心情、心声，正是坚持中国特色文化发展道路的根本立场所在。习近平总书记指出，核心价值观“是一个国家共同的思想道德基础”，“核心价值观，其实就是一种德，既是个人的德，也是一种大德，就是国家的德、社会的德”。需要为构建和传播人类共同价值观不断贡献中国智慧。

坚持以提高国家文化软实力为重点更好构筑中国力量。文化软实力集中体现着一个国家基于文化而具有的凝聚力和生命力，以及由此而产生的吸引力和影响力。必须加快构建中国特色哲学社会科学学科体系、学术体系、话语体系。习近平总书记指出：“面对世界范围内各种思想文化交流交融交锋的新形势，如何加快建设社会主义文化强国、增强文化软实力、提高我国在国际上的话语权，迫切需要哲学社会科学更好发挥作用。”应推动文化事业全面繁荣和文化产业快速发展，努力创造反映人类精神生活中最先进的文化成果。

建设中国特色社会主义文化强国，要着重下列问题：牢牢掌握意识形态工作领导权，培育和践行社会主义核心价值观，加强思想道德建设，繁荣发展社会主义文艺，推动文化事业和文化产业发展。

要以习近平新时代中国特色社会主义思想为指导，以建设社会主义核心价值观为根本任务，以满足人民精神文化需求为出发点和落脚点，着力解决人民日益增长的美好生活需要和不平衡不充分的发展之间的矛盾，以改革创新为动力，发展面向现代化、面向世界、面向未来的，民族的科学的大众的社会主义文化，培养高度的文化自觉和文化自信，提高全民族文明素质，增强国家文化软实力，弘扬中华文化，提升中华文化在世界上的影响力，努力建设社会主义文化强国。

第五章　社会主义核心价值体系

社会主义核心价值体系，是中国特色社会主义的重要内容，是社会主义意识形态的本质体现。建设社会主义核心价值体系，增强社会主义意识形态的吸引力和凝聚力，是文化建设的首要任务，涉及马克思主义理论、中国特色社会主义共同理想、中华民族精神、西方文明价值体系、时代精神、社会公共道德与公民道德等。

建设社会主义核心价值体系，是中共十六届六中全会提出来的，十七大报告将其内容和作用结合起来阐述。其要点包括：马克思主义指导思想、中国特色社会主义共同理想、以爱国主义为核心的民族精神和以改革创新为核心的时代精神、社会主义荣辱观。中共十八大、十九大报告都把加强社会主义核心价值体系建设、培育和践行社会主义核心价值观放在重要地位。

社会主义核心价值体系，是中国特色社会主义的重要内容，是社会主义意识形态的本质体现。我国建立了社会主义制度，开辟了中国特色社会主义道路，形成了中国特色社会主义理论体系，这是一个不断发展、不断完善的过程。

改革开放以来，我国经济快速发展，人们的物质生活和精神生活有了很大的改善。西方价值观的涌入，特别是市场经济的发展，对传统价值观念产生了很大的冲击。在我国，价值观是一种由西方价值观、中国传统价值观和社会主义价值观相互碰撞而又非常敏感的领域。面对各种社会思潮的挑战，具体的社会实践也产生了很多新的问题，需要总结和提炼社会主义核心价值体系。在我国全面建成小康社会的新的历史时期，注重社会主义核心价值体系研究，提炼和总结核心价值理念，用以规范人们的行为，有着重要的理论意义和实践价值。

一、价值概念、价值观、价值体系

对于什么是价值，什么是价值观，什么是价值体系，什么构成社会主义核心价值体系，我们需要有一个清晰的了解。

1. 价值

价值，原本是政治经济学关于商品属性的一种规定，来自经济学研究的领域。“价值”一词从词源学上讲源于梵文“Wal”以及拉丁文“vallo”“valeo”。在梵文中，它的意思是“掩盖，加固”；在拉丁文中，它的意思是“用堤围住，加固，保护”。这些词源上的意义，后来又派生或引申出更广泛的含义或同一意义的形容词，如“尊敬、敬仰”和“喜爱、珍爱”或“优秀的，可敬的”①。“价值”的含义是“起掩护和保护作用的，可珍贵的，可尊重的，可重视的”。

马克思研究了这些词及其沿革之后说，价值“最初无非是表示物对于人的使用价值，表示物的对人有用或使人愉快等等的属性”②，“‘价值’概念的确是以产品的‘交换’为前提的”③。经济学上的“使用价值表示物和人之间的自然关系，实际上是表示物为人而存在。**交换价值**则代表由于创造交换价值的社会发展后来被加在 Wert（=使用价值）

① 马克思，恩格斯. 马克思恩格斯全集：第26卷（Ⅲ). 北京：人民出版社，1974：327.
② 同①326.
③ 同①139.

这个词上的意义。这是物的**社会**存在”①。因此，把词源学上的“价值”一词用于分析商品，表示它的“物的属性”的一面，因为它对人有用、值得保护、使人喜爱、受到尊敬，所以对人的存在来说，它具有使用价值。交换价值更为明显，它表示的是物的社会存在。价值概念并不是一个纯粹的经济学概念，体现了人的社会性，具有哲学意义。

在一般意义上，价值是指客体的存在、作用以及它们的变化对于一定主体需要及其发展的某种适合、接近或一致。②

人是价值主体，是价值世界生成的终极根据。因而，价值就体现为人的类特性、社会性，就是人的理想性、超越性。③

2．价值观

价值观问题已经超出了经济学价值概念的范围，它是一个更大的领域。价值观与经济学价值概念的区别主要表现在：

第一，经济学的价值概念主要是指劳动产品这种物的价值，是就人和自然之间的关系而言的。价值观的范围更为广泛，还包括精神生活，如理想、伦理、道德、信仰和追求。

第二，经济学的价值概念主要指的是已经实现了的劳动产品，而价值观关注的主要不是已经实现了的活动或产物，而在于还没有实现的，而且对于人的生活又是具有意义的、可珍爱的、可敬的目标及可敬仰而值得的追求，它是一种导向。

第三，价值观是指对一般价值的看法、态度，表达价值理念和价值判断，是一个观念王国。

3．价值体系与价值王国

每一个社会形态都存在各种价值观念，而这个社会形态的价值体系只有一个。从价值体系的内部发展来说，价值体系始终处于价值观念不断裂变和矛盾运动的状态；价值体系的外部形态则表现出相对的稳定性。

---

① 马克思，恩格斯．马克思恩格斯全集：第26卷（Ⅲ）．北京：人民出版社，1974：326－327．

② 李德顺．价值论．北京：中国人民大学出版社，1987：13．

③ 郁建兴，朱旭红．社会主义价值学导论．杭州：浙江人民出版社，1997：31－32．

价值王国研究领域极其广泛。它的研究范围，小到一幅绘画、一首诗，大到人的生命价值、社会的文明。其范围包括社会学、人类学、伦理学、美学、政治学、哲学等。在以上这些科学中都有价值及其判断的问题，对这些问题的概括研究，有的称为价值理论，在西方一般称为价值哲学，或简称价值观。因为它相对以上科学来说具有独立性，西方学者又使用“价值王国”的称谓。

对现代德国价值理论做出过一定贡献的李凯尔特认为，世界是由现实王国和价值王国构成的。可以说，价值是区分自然和文化的标准：一切自然的东西都不具有价值，或者说，可以不从价值的观点加以考察；反之，一切文化产物都必须具有价值，必须从价值的观点加以考察。这是因为，自然是那些从自身生长起来的东西的总和，它们有自身的特殊规律；文化则不然，它们是人们按照预定的目的生产出来的，或者虽然它早已存在，但由于它所固有的价值而为人特意保护着。李凯尔特的重要结论是：整个关于人类的历史是主要价值指导的，“没有价值，也就没有任何历史科学”①。

英国批判理性主义者波普尔提出了著名的“三个世界”理论。他认为，宇宙进化是多层次的，基本上可分为三个层次（或三个宇宙、三个世界）：世界Ⅰ，物理客体或物理状态的世界；世界Ⅱ，意识状态或精神状态的世界，或关于活动的行为意向的世界；世界Ⅲ，思想的客观的世界。世界Ⅲ包括伦理学、美学、知识理论和逻辑的某些方面，还包括经济学、政治学、人类学和社会学等。

以上这种分类及其“价值王国”的称谓我们不完全赞同，但是可以看出价值观问题在西方被重视的程度。在他们的研究中，价值问题不只是一种观点或者某种判断，它是作为文化领域中涉及伦理、道德、信仰等的一系列理论。用马克思主义的观点来看，它是一定的社会上层建筑中文化层面的价值哲学体系。

我国学者对价值理论或价值体系有一定的研究，这个领域还有广泛

---

① 李凯尔特．文化科学和自然科学．北京：商务印书馆，1986：76.

的生长空间。

李从军指出，人类价值体系的发展表现为三个历史阶段：自然生理阶段、道德评判阶段、文化审美阶段。自然生理阶段建立在低下的生产力和原始公有制的生产方式上，人类对生命价值的追求，建立在公正、平等、合理、和谐之上，是简单而又纯真的。道德评判阶段的价值体系是从人的社会利益出发的，有三种形态，即奴隶社会的价值体系、封建社会的价值体系和资本主义社会的价值体系。文化审美阶段的起始阶段是社会主义社会，最高阶段就是共产主义社会。社会主义价值体系处在与资本主义价值体系相对立的历史状态。在共产主义文化审美阶段，每个社会成员的价值存在将是一切人价值存在的条件；在价值的追求中，个人的创造性得到充分的发挥，个人的潜能得到充分的开发，个人的意识得到充分的实现；价值的追求不再受到利益的驱动，它展示的是一种审美的过程；一切原始社会美好的价值形态将在高级阶段复活，以最完美的内容和形式体现全人类对生命本质意义及内在价值的和谐追求。①

社会主义价值体系要吸收人类一切文明成果，包括批判继承资本主义价值体系的合理因素，保证全社会的价值主体在良好的外在条件下实现自身的价值。社会主义价值体系是引导和保护人民在一定的社会条件实现自身价值、提高自身素质的精神武器，也是防止和抵御各种腐朽思想和观念侵袭的一种制约力量。社会主义价值体系是整个上层建筑和意识形态的核心内容，与其他上层建筑形式——政治法律制度和意识形态等构成有机的和谐。

一个成熟文化的核心价值体系，应具备几个特点：（1）提炼出来的价值理念和价值判断，必须准确表达共同体最重要的核心利益。（2）这些价值理念和价值判断一定要上升到普遍价值的高度。（3）新的价值体系的建立一定伴随着对世界和历史的重新解释，并且用新的普遍价值解释世界和历史一定会比原来的叙事有更强的说服力。（4）成熟的价值体系必须体现在真实运作的制度安排和组织机构中，成为人们正式交往的

---

① 李从军．价值体系的历史选择．北京：人民出版社，1992：181-189．

权威依据。(5) 成熟的价值体系必须与人们的日常语言融为一体，与人们的现实生活直接挂钩。(6) 必须有一大批人真诚地实践这些核心价值。①

一般来说，价值体系包括：

真——科学价值
善——道德价值
美——艺术价值
圣——信仰价值
公——社会公共价值
正——政治价值
利——经济价值
人——文化价值

社会主义价值体系体现了价值主体的历史内涵与现实因素的统一、自然属性和社会本质的统一、个人意志与社会原则的统一、政治要求与经济基础的统一。

对价值体系的社会功能，我们着重指出以下几点：

第一，价值理论表示的是社会的人这个主体的情感、愿望和追求，比如在科学认识上追求真，在道德伦理上追求善，在艺术生活上追求美，在物质经济生活中追求快乐、利益，在精神生活上追求信仰，等等，这些都是与人们日常生活息息相关的价值倾向和选择的价值观问题。

第二，价值理论或价值体系与其他理论或观念不同，它具有行为导向的作用。价值观是深层次的，它是人追求的、努力使自己的情感和愿望得以实现的目标。因此，它使主体在自己的生活环境中，去进行选择、去创造实现的条件。在一定的意义上，价值观是和行为、行动联系着的。它不仅仅是导向，或表现了愿望，突出之点是它的功能：行为的动力。这一点，波普尔的分析是有道理的。波普尔把人们寻求价值的行为分成三部分：支配倾向、符合活动和最后目标。支配倾向又分为动力与期望。动力为价值行为充当引擎，期望为价值行为充当瞄准镜。支配

---

① 赵峰. 提升国家软实力的文化战略新思路. 学习时报，2007-11-12 (6).

倾向最终体现为最后目标，即期望的实现和动力的消逝。波普尔分析的可取之处，在于其从行动和动力上来加深价值观的意义。我们可以把这一点做两方面的引申：（1）就个人而言，价值观与人们的实践活动有关；（2）作为一定社会的价值体系，它的导向作用是促进社会发展的一种动力。

第三，价值体系对其他意识形式的影响。核心价值体系是社会意识形态的本质表现。价值取向和价值判断必然会对社会道德、社会心理、社会意识产生影响。

二、社会主义核心价值体系的基本框架

社会主义核心价值体系是社会主义意识形态的本质体现。社会主义处于共产主义的初级阶段。在这一初级阶段上的跨越发展，是一个重要的问题。有两点应该明晰：一个是当代马克思主义是不断发展着的，另一个是当代社会主义也是一个不断发展的过程。每个历史时期只有把马克思主义与实践相结合，才能取得成功。中国共产党坚持和发展马克思主义，其历史使命就是以不断的理论创新指导自己的实践。我国的社会主义建设实践历程不断有理论创新（如邓小平理论、“三个代表”重要思想和科学发展观、习近平新时代中国特色社会主义思想等）。在全面建成小康社会的新的历史时期，我们要认识社会发展新时期的特点，善于用当代马克思主义指导实践。

社会主义核心价值体系是兴国之魂，是社会主义先进文化的精髓，决定着中国特色社会主义的发展方向。必须强化教育引导，增进社会共识，创新方式方法，健全制度保障，把社会主义核心价值体系融入国民教育、精神文明建设和党的建设全过程，贯穿改革开放和社会主义现代化建设各领域，体现到精神文化产品创作、生产、传播各方面，坚持用社会主义核心价值体系引领社会思潮，形成统一指导思想、共同理想信念、强大精神力量、基本道德规范。

在社会主义核心价值体系建立的过程中，既要尊重差异，包容多样，又要“积极探索用社会主义核心价值体系引领社会思潮的有效途径”。长期以来我国忽视这一方面的研究，有的研究也只在学术领域中进行。理论应紧密联系实际，根据实践中提出的问题进一步深入探索和研究。

研究社会主义核心价值体系，有必要进行相关问题的研究，包括马克思主义与社会主义的关系，中国特色社会主义共同理想，中华民族精神、传统文化资源和社会凝聚力，西方文明价值体系中的核心价值理念，世界主要国家的核心价值观，时代精神与核心价值观，社会公共道德与公民道德，等等，特别要总结社会主义核心价值观的基本理念。

1. 马克思主义理论基础

社会主义核心价值体系以马克思主义理论为指导。

马克思主义是一个有机的整体，是一个有着逻辑结构的理论系统。以前，人们通常把马克思主义理解为由三个部分组成，即马克思主义哲学、马克思主义政治经济学、科学社会主义。随着时间的推移、时代的进步，人们对马克思主义理论也有了新的认识。根据马克思主义经典著作的论述，我们认为，可以从七个维度去把握马克思主义理论结构，或称为“七维结构”，即马克思主义哲学、经济学、政治学、文化学、社会学、生态学和人学。

这个“七维结构”，不仅可以把传统理解的三个组成部分（马克思主义哲学、马克思主义政治经济学、科学社会主义）包容在其中，而且可以把未进入传统视野而又内在地体现在马克思主义理论宝库的内容纳入，从而成为一个完整的有机体系。如图 5-1 所示：

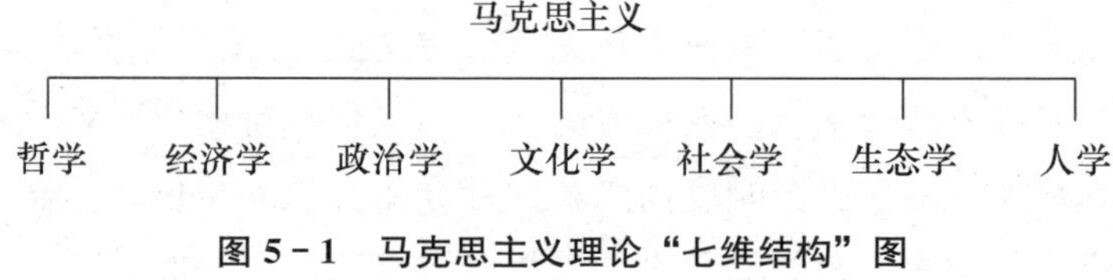

图 5-1　马克思主义理论“七维结构”图

马克思主义哲学作为世界观、价值观和方法论，对各分支理论都有统摄意义。哲学既是一种观念体系和方法论，又可归属文化学。马克思主义政治经济学从学科属性来说归属经济学。科学社会主义理论、国家学说、军事理论等可归属政治学。马克思主义关于科学、文艺、历史、新闻、教育、宗教等的理论可归属文化学。社会发展理论、民族、人口理论等归属社会学。马克思主义关于人与自然关系的论述，包含着丰富的生态学思想。人学是在一般意义上关于人的研究，马克思主义人学突出表现为人的自由全面发展的思想，人是马克思主义的出发点，其他理论都不能不涉及人。

马克思主义深刻揭示了人类社会发展规律，坚定维护和发展最广大人民的根本利益，是指引人民推动社会进步、创造美好生活的科学理论。要毫不动摇地坚持马克思主义基本原理，紧密结合中国实际、时代特征、人民愿望，用发展着的马克思主义指导新的实践。要学习马克思主义经典著作，系统掌握马克思主义立场、观点、方法，不断赋予当代中国马克思主义鲜明的实践特色、民族特色、时代特色。

2. 中国特色社会主义共同理想

中国特色社会主义共同理想，就是高举中国特色社会主义伟大旗帜，坚持中国特色社会主义道路，实现中华民族的伟大复兴。这个共同理想，把党在社会主义初级阶段的目标、国家的发展、民族的振兴与个人的幸福紧密联系在一起，把各个阶层、各个群体的共同愿望有机结合在一起。在全社会树立和弘扬这一共同理想，是社会主义核心价值体系的主题。

中国特色社会主义是当代中国发展进步的根本方向，集中体现了最广大人民的根本利益和共同愿望。要深入开展理想信念教育，引导干部群众深刻认识中国共产党领导和中国特色社会主义制度的历史必然性和优越性，深刻认识中国特色社会主义道路既是实现社会主义现代化和中华民族伟大复兴的必由之路，也是创造人民美好生活的必由之路，自觉把个人理想融入中国特色社会主义共同理想之中，最大限度地把广大人民团结和凝聚在中国特色社会主义伟大旗帜之下。要紧密结合中国特色社会主义成功实践，联系干部群众思想实际，针对社会热点难点问题，从理论和实践结合上做出有说服力的回答，引导干部群众在重大思想理论问题上划清是非界限、澄清模糊认识，有力抵制各种错误和腐朽思想影响。要深入开展形势政策教育、国情教育、革命传统教育、改革开放教育、国防教育，组织学习中国近现代史特别是党领导人民进行革命、建设、改革的历史，坚定广大干部群众对中国特色社会主义的信心和信念。

3. *以爱国主义为核心的民族精神*

爱国主义是中华民族最深厚的思想传统，最能感召中华儿女团结奋斗。要广泛开展民族精神教育，大力弘扬爱国主义、集体主义、社会主义思想，增强民族自尊心、自信心、自豪感，激励人民把爱国热情化作振兴中华的实际行动，以热爱祖国和贡献自己全部力量建设祖国为最大光荣、以损害祖国利益和尊严为最大耻辱。要大力弘扬一切有利于国家富强、民族振兴、人民幸福、社会和谐的思想和精神，大力发扬艰苦奋斗、劳动光荣、勤俭节约的优良传统。要加强民族团结进步教育，增进对伟大祖国和中华民族的认同，促进各民族共同团结奋斗、共同繁荣发展。要加强爱国主义教育基地建设，用好红色旅游资源，使之成为弘扬培育民族精神和时代精神的重要课堂。

民族精神是民族文化心理的历史积淀。中华民族的民族精神主要体现为：忧国忧民、天下为公的爱国精神，刚健有为、自强不息的进取精神，厚德载物、和衷共济的团结精神，勤劳节俭、艰苦奋斗的创业精神，崇德重义、修身为本的重德精神，等等。在赋予其新的时代精神的内涵后，民族精神成为中国特色社会主义精神文化的组成部分。

要以民族优秀传统文化为根基，以中国特色社会主义文化为主体，以外来健康有益文化为补充，弘扬既符合时代精神又具有中国风格、中国气派的优秀文化，建设中华民族共有精神家园。

4. *以改革创新为核心的时代精神*

改革创新是当代中国最鲜明的时代特征，最能激励中华儿女锐意进取。时代精神以改革创新为核心，是马克思主义与时俱进的理论品格、中华民族富于进取的思想品格与改革开放和现代化建设实践相结合的伟大成果。要广泛开展时代精神教育，引导干部群众始终保持与时俱进、开拓创新的精神状态，永不自满、永不僵化、永不停滞，以思想不断解放推动事业持续发展。

我们这个时代是个急剧变化的时代，也可以说是个转型时代，人们的行为方式、思维方式发生了很大的变化。

时代的转型，主要表现在以下几个方面：

（1）从“战争与革命”（斗争）转向“和平与发展”（和谐）。

20世纪上半叶，人类经历了两次世界大战，“战争”“革命”“斗争”构成那个时代的主题，该时代充满刀光剑影、血雨腥风。冷战时期，存在资本主义和社会主义的对峙。20世纪后半叶，资本主义国家和社会主义国家都进行了大规模的调整或改革。20世纪末，“和平与发展”成为时代主题。进入21世纪，建构和谐社会、和谐世界成为时代的最强音。对于这个理念的提出，中国做出了很大的贡献。

（2）从注重政治、经济转向注重文化。

回顾20世纪以来的历史，时代重心经历了从政治向经济的转移再向文化转移的过程。20世纪上半叶，占据首位的是政治斗争、党派夺权、殖民与反殖民、侵略与反侵略等，政治家、革命家成为时代的弄潮儿。20世纪下半叶，经济发展成为大多数国家的主旋律，企业家、经济学家走上了时代舞台，被聚光灯照耀。到21世纪，人们越来越意识到文化的作用，更关注人的问题，核心是人文价值观的问题。一个民族的灵魂就是其文化。不了解自己民族的文化，无视其他民族的文化，都不可能生存和发展。文化要素在综合国力中的比重越来越大，文化竞争在综合国力竞争中的地位和作用日益凸显。文化的发展，或者说人的发展，成为新时代的焦点。政治、经济的发展都与文化联系在一起。要建设和谐文化，培育文明风尚；弘扬中华文化，建设中华民族共有精神家园；推进文化创新，增强文化发展活力。

（3）从侧重物质文明转向倚重制度文明、精神文明。

过去的时代，以建设物质文明为侧重点，追求经济增长和物质生活水平的提高，相比之下，制度文明、精神文明建设显得薄弱。当今时代，自由、平等、公正、法治越来越成为人们的普遍诉求，必须有制度保障。同时，人们的精神生活要求日益提高，精神文明对提高生活质量具有更重要的作用。

（4）从工业文明时代转向信息文明时代。

人类经历了农业时代、工业时代，正在迈向信息时代、知识时代，信息、知识成为新时代的资本和最重要的资源、力量，成为社会发展的核心要素。也有人把这个时代称为后工业时代或网络时代，高新技术、知识经济、智能产业成为社会的支柱。这是一个文明化、人文化、科学化的时代。最初是以科学技术为中心，随着时代的发展，其中的人文含量越来越多，物质文明、制度文明、精神文明不断向前推进。

（5）从“征服自然”转向“可持续发展”。

以前，在“征服自然”的口号下，人类向大自然索取甚至掠夺，结果引起严重的生态危机，直至危及自己的生存。现在，“可持续发展”已成为人类的共识。人们倡导有机整体观，认为世界上万事万物是联结在一起的有机整体，人类是生态系统的一部分。或者说，现今的时代是生态文明时代。

（6）对时代的认识从线性转向非线性。

以往人们对历史、时代的认识是一种“线性观”，即一维的、单向的、简单的、分割的、平稳的、决定性的，而事实上，时代的变迁是多维的、多向的、复杂的、相互联系的、动荡的、非决定性的，也就是“非线性”的。对时代的认识，必须超越传统的、经典的观点，确立复杂性思维，逐步逼近世界的本来面目，这个过程永远不会完结。

（7）从强调群体转向尊重个体。

过去的时代，强调集体、群体，要求个人服从组织，认为个人是微不足道的，人被当作工具和无生命的零件。在新的时代，要求充分尊重个体，以人为本，真正认识到“每个人的自由发展是一切人的自由发展的条件”，社会的发展归根到底是为了人的自由全面的发展。每个人都是社会的一分子，要为群体、社会做贡献，必须遵守社会确定的公正的法律，在此前提下，任何人都不应妨碍其他人的发展。要充分调动每一个人的主动性、积极性、创造性，只有无数个体的创造，才能带来社会整体的发展，才能有新时代的辉煌。以人为本，全面发展，和谐共存，正成为时代的共识，体现为新的时代精神。

（8）从多民族国家转向全球化时代。

长久以来，人们眼界狭窄，抱着单纯民族主义意识和狭隘的国家意识，甚至为征服其他民族和国家而相互残杀，上演了一幕幕悲剧。马克思早在 19 世纪上半叶就指出，正是现代资本的运动开辟出世界市场，在此基础上形成了所谓的世界历史。这就是“全球化”的开端。在全球化时代，应确立“世界公民”意识，各民族和国家应相互尊重、相互学习、相互帮助、和平共处、和谐共存、和睦相待、多方合作，共同建设高度的人类文明。在将来，民族不会消失，国家必将消亡，要确立超越民族和国家的全人类意识，使人们共处于一个全球人类共同体之中。

5．社会道德观念

社会道德观念包括是非观、荣辱观、义利观等。是非观即分清是非、对错，有基本的正确的价值判断。荣辱观以“八荣八耻”为基本要求。义利观即确立正义、恰当的义务和利益、权利等观念。

要大力弘扬爱国主义、集体主义、社会主义思想，加强社会公德、职业道德、家庭美德、个人品德的培育，发挥道德模范榜样作用，确立诚信意识，引导人们自觉履行法定义务、社会责任、家庭责任。

要树立和践行社会主义荣辱观。社会主义荣辱观体现了社会主义道德的根本要求。要深入开展社会主义荣辱观宣传教育，弘扬中华传统美德，推进公民道德建设工程，加强社会公德、职业道德、家庭美德、个人品德教育，评选表彰道德模范，学习宣传先进典型，引导人民增强道德判断力和道德荣誉感，自觉履行法定义务、社会责任、家庭责任，在全社会形成知荣辱、讲正气、做奉献、促和谐的良好风尚。要深化群众性精神文明创建活动，广泛开展志愿服务，拓展各类道德实践活动，倡导爱国、敬业、诚信、友善等道德规范，形成男女平等、尊老爱幼、扶贫济困、扶弱助残、礼让宽容的人际关系。要全面加强学校德育体系建设，构建学校、家庭、社会紧密协作的教育网络，动员社会各方面共同做好青少年思想道德教育工作。要深化政风、行风建设，开展道德领域突出问题专项教育和治理，坚决反对拜金主义、享乐主义、极端个人主义，坚决纠正以权谋私、造假欺诈、见利忘义、损人利己的歪风邪气。要把诚信建设摆在突出位置，大力推进政务诚信、商务诚信、社会诚信和司法公信建设，抓紧建立健全覆盖全社会的征信系统，加大对失信行为的惩戒力度，在全社会广泛形成守信光荣、失信可耻的氛围。要加强法制宣传教育，弘扬社会主义法治精神，树立社会主义法治理念，提高全民法律素质，推动人人学法、尊法、守法、用法，维护法律权威和社会公平正义，实现全面依法治国。要加强人文关怀和心理疏导，培育自尊自信、理性平和、积极向上的社会心态。要弘扬科学精神，普及科学知识，倡导移风易俗，抵制封建迷信。要深入开展反腐倡廉教育，推进廉政文化建设。

我国的社会制度是符合社会发展规律的社会主义制度。人们的物质生活和文化生活水平不断提高，而价值观念处在三种极不相同的价值观念（传统价值观、西方价值观、社会主义价值观）相互碰撞的过程之中。需要深入研究价值体系，总结和提炼社会主义核心价值体系。

对于西方价值体系，应进行认真细致的梳理和总结，把握其要义。对东方价值体系，特别是儒、道、佛价值体系，要比较、提炼对我们有益的内容。尊重文化多样性，总结普遍价值。在全球化时代，要保持和弘扬自己的民族精神，赋予其新时代的特征。

要建设社会主义核心价值体系，用社会主义核心价值体系引领社会思潮，发挥文化对社会成员的引导思想、涵养品质、陶冶情操、凝聚感情、规范行为等作用。

三、社会主义核心价值体系研究的重要意义

研究社会主义核心价值体系，是一个复杂的系统工程。我们需要探讨传统价值观的影响，比较、借鉴西方价值理论，在马克思主义和中国特色社会主义理论指导下，建设社会主义核心价值体系，认识其科学性

质及历史使命、重要意义。

社会主义核心价值体系是关系到人民精神风貌的问题，要积极探索用社会主义核心价值体系引领社会思潮的有效途径，主动做好意识形态工作，让社会主义核心价值体系深入人心，使良好思想道德风尚进一步弘扬。

赋予价值体系社会主义性质表明它是符合历史发展的新型价值理论。西方关于价值的学说各式各样，但是它们都是在价值哲学这一领域被概括和研究的。价值哲学是在20世纪初提出并很快在西欧各国被重视而得以发展的。最先使用“价值哲学”这一术语的是法国哲学家P.拉比（1902年）和德国哲学家E.哈特曼（1908年）。为什么在资本主义制度得到发展的情况下会产生价值哲学的研究呢？用黑格尔的话来说就是，这个时候，资本主义市民社会的个人，都是一个个“自由原子”，是摆脱了各种依附关系的相对独立的主体。这时，人们的生产关系和交往关系都是在相对独立的主体之间以协议或合同的形式形成的，都反映一定主体的兴趣、爱好、情趣和信仰等精神层面的内容，对这个新的文化层面的研究就成为价值哲学研究的任务。

西方价值理论或价值哲学有一个重要特点，即它是超历史的、超现实世界的行为规范理想。不管是主观唯心主义的价值哲学，还是客观唯心主义的价值哲学，其任务都在于：把各种价值进行分类、排序，阐述价值是主观的还是客观的，它们同存在和实在的关系是什么。西方价值哲学的这种研究，是符合资产阶级“天然合理的”历史观的。这种价值哲学，通过价值理论的阐发，引导人在资本主义制度下实现自己的兴趣和期盼。价值哲学是资本主义制度在一定的发展阶段上、在作为“自由原子”的主体中产生的一种理论，起到了维系和稳定资本主义制度的社会作用。西方价值理论以分类、排序为特点，掩盖了它的时代性、阶级倾向性。这就是说，西方价值哲学回避它是资产阶级意识形态这一根本特性，这是虚伪性的表现。

社会主义核心价值体系反映了社会主义意识形态的本质，是具有科学性质的体系。

社会主义核心价值体系具有社会主义社会意识形态的性质，是以马克思主义为指导的价值理论体系。在我国，着重从中国特色社会主义理论的制定，结合民族精神和时代精神，探讨价值体系的新质内容。西方价值哲学关于价值的分类、关于各种价值观类型的内容是有合理之处的，比如每个人都有兴趣、追求、情趣、信仰等。但是这些价值指向是怎样产生的？它们是自发的还是自觉的？这些价值是固定不变的还是可以变化的？这些问题在西方价值哲学中不被重视和研究，而在社会主义价值理论中，是应该被注意研究的内容。共产主义信仰是从人类现代社会的矛盾中产生的对未来社会的理想，是一种科学的信仰，是自觉的有意识的体现。这种意识产生于现代社会的资产阶级与无产阶级的经济矛盾之中，所以它容易被无产阶级接受。共产党就是以这一意识为基础组织起来的先进社会政治团体。如果其他阶级出身的人接受了这种意识，也可以成为这种政治组织的成员。抗日战争时期，一些地主家庭出身的人接受了这种意识，成为共产党员，在党的领导下取得了各种功绩。在建设社会主义时期，一些民族资本主义的或民营企业家也可以参加到共产党里来，在党的领导下，自觉地为社会主义建设做出自己的贡献。这些人原来并不信仰共产主义，或具有其他的信仰。但是，共产主义作为信仰，可以逐渐建立起来，或者人们可以从其他信仰转变到共产主义信仰上来。这说明，共产主义信仰的产生是有一定的社会经济基础的，它以信仰的形式物化为一定的社会政治组织，也以信仰的形式融入一个人的人生价值观。价值体系作为社会意识形态，起着价值导向的作用。以马克思主义为指导，作为社会主义上层建筑的价值体系，在全面建成小康社会的历史时期，是一种巨大的精神力量。

在理解社会主义核心价值体系时，一个重要的理论支点是对中国特色社会主义内涵的科学阐释。关于社会主义，有苏联模式、“中国模式”和其他模式。当今世界，真正坚持社会主义的国家并不多。中国特色社会主义旗帜还在高高飘扬，但一些人的思想意识中，存在偏颇、糊涂或错误的观点。这些理论问题或思想认识问题既影响着人们对中国特色社会主义的理解，也影响着对社会主义核心价值体系的认识。社会主义核心价值体系是社会主义先进文化的前进方向。

关于社会主义核心价值体系的研究，应以马克思主义理论和中国特色社会主义理论为指导，做到宏观透视与微观分析结合、理论阐述与实践检验结合、历史与逻辑结合、中国特色与全球视野结合。我们要努力弘扬中华民族精神，积极探索时代精神，树立健康向上的社会主义道德风尚，引领社会思潮，使人民的精神风貌更加昂扬向上，把社会主义核心价值体系内化为人们的自觉追求和文化行动。

马克思主义的指导地位，是社会主义核心价值体系的灵魂；中国特色社会主义共同理想，是社会主义核心价值体系的主题；以爱国主义为核心的民族精神和以改革开放为核心的时代精神，是社会主义核心价值体系的精髓；社会主义荣辱观，是社会主义核心价值体系的基础。社会主义核心价值体系是一个完整的、有机的整体，各方面相互联系、相互贯通、相互促进。

四、加强社会主义核心价值体系建设

1. 深入推进中国特色社会主义理论体系的学习、研究、宣传

坚持不懈用中国特色社会主义理论体系武装全党、教育人民，推动学习实践科学发展观。建立健全理论学习制度，丰富拓展面向群众的理论学习途径，扎实推进学习型党组织和学习型社会建设。紧密联系改革开放和社会主义现代化建设实际，坚持以重大现实问题为主攻方向，深入研究关系党和国家事业发展的全局性、战略性、前瞻性问题，推出一批有深度、有价值的理论研究成果，进一步推动马克思主义中国化、时代化、大众化。围绕深层次思想理论问题和社会热点难点问题，推出更多更好的通俗理论作品，深入开展面向基层的党的理论创新成果宣讲活动。深入实施马克思主义理论研究和建设工程，实施中国特色社会主义理论体系普及计划，抓好研究成果的转化应用，推动中国特色社会主义理论体系进教材、进课堂、进头脑，增强科学理论教育引导群众作用。

2. 繁荣发展哲学社会科学

巩固和发展马克思主义理论学科，坚持基础研究和应用研究并重，传统学科和新兴学科、交叉学科并重，大力推进学科体系、学术观点、科研方法创新，建设具有中国特色、中国风格、中国气派的哲学社会科学，实施哲学社会科学创新工程，推进哲学社会科学创新体系建设，充分发挥哲学社会科学认识世界、传承文明、创新理论、资政育人、服务社会的重要功能。加强学科和教材建设，推动社会科学和自然科学的交叉融合，不断提高理论研究整体水平。发挥国家社会科学基金示范引导作用，推出一批有价值、有广泛社会影响的研究成果。有计划地组织对外翻译一批优秀哲学社会科学成果。整合哲学社会科学研究力量，建设一批社会科学研究基地和国家重点实验室，建设一批具有专业优势的思想库、智库，加强哲学社会科学信息化建设。

3. 加强思想道德建设

扎实推进社会主义核心价值体系建设，深入开展走中国特色社会主义道路和实现中华民族伟大复兴的理想信念教育，大力弘扬以爱国主义为核心的民族精神和以改革创新为核心的时代精神，深入开展社会主义荣辱观宣传教育，积极探索用社会主义核心价值体系引领社会思潮的有效途径，形成扶正祛邪、惩恶扬善的社会风气。推进公民道德建设工程，拓展各类道德实践活动，加强社会公德、职业道德、家庭美德、个人品德教育，构建传承中华传统美德、符合社会主义精神文明要求、适应社会主义市场经济的道德和行为规范。做好深入细致的思想政治工作，在全社会弘扬和践行劳动最光荣、劳动者最伟大的思想观念，在各行各业着力构建和谐劳动关系。广泛开展形势政策和民族团结进步宣传教育。提倡修身律己、尊老爱幼、勤勉做事、平实做人，推动形成我为人人、人人为我的社会氛围。加强未成年人思想道德建设和大学生思想政治教育，净化社会文化环境，促进青少年身心健康，为青少年营造健康成长的空间。加强青少年文化活动场所建设，创造出更多青少年喜闻乐见、益智益德的文化作品，广泛开展面向青少年的各类文化体育活动。大力弘扬中华民族优秀传统文化，深入挖掘中华传统节日、重大纪念日思想内涵，进行思想道德教育。深化文明城市、文明村镇、文明单位创建，整合现有城市评选项目。广泛开展军民警民共建精神文明活动，推进“讲文明、树新风”活动。把诚信建设摆在突出位置，抓紧建立健全覆盖全社会的征信系统。加强法制宣传教育，弘扬社会主义法治精神。深入开展反腐倡廉教育，大力加强廉政文化建设，形成以廉为荣、以贪为耻的良好社会风尚。

深入研究社会主义核心价值体系，把新时代中国特色社会主义建设事业不断向前推进。

第六章　文化体制的改革

文化体制是一个多环节、多层次的复杂系统，包括组织领导模式、文化所有制形式、文化事业管理体制、文化产业运作体制等。

近年来，我国文化体制改革稳步有序推进，但从整体上看，与其他方面的改革相比还比较滞后，制约文化发展的体制性和机制性问题还远没有解决，必须深化改革。

一、文化体制的问题与改革进程

文化体制是文化组织形式、形态的制度化体现，是带有根本性、全局性的组织制度和运行体制。

（一）文化体制存在的问题

我国文化体制具有政治性、教育性、大众性等特点，以前由国家包办文化事业，实行差额或定额补贴的政策，而文化单位内部责、权、利互相分离。在总体布局上，与行政管理体制相对应，层层建立专业文艺团体，低水平重复设置多，人、财、物浪费严重；在性质上，公益性、经营性不分，所有文化事业单位由国家财政包办；在人事制度上，没有正常的人员流动和淘汰机制，平均主义严重，工作绩效与报酬没有联系，不利于发挥文化工作者的积极性。

文化体制与人民群众日益增长的精神文化需求、全面建成小康社会的目标任务不相适应，与完善社会主义市场经济体制、进一步扩大对外开放的新形势不相适应，与依法治国、加快社会主义法制建设的环境不相适应，与高新技术在文化领域迅猛发展和广泛应用的趋势不相适应。文化体制的突出问题和矛盾主要有：

第一，与市场经济体制不适应，文化生产领域相当部分游离于市场经济体制之外，束缚文化生产力发展的体制机制问题尚未根本解决。市场经济是以市场为主导的资源配置方式，基本原则是公平竞争。只要是法律允许自由进入的文化产业，就享有平等的法律地位。

第二，在管理方式上管办不分，政府包揽过多，管得过多过死，文化事业组织对政府过于依赖，缺少活力和竞争力。

第三，在管理主体上，存在多头管理、条块分割、政出多门、各自为政、资源分散的现象。

第四，与我国的国际地位不相适应。我国已成为世界第二大经济体，随着经济地位的提高我国也具备了相当的影响力。但在文化领域，我们的影响力不足。如果不进行文化体制改革，不仅我们自己的产品不能占领市场，而且别人要占领我们的市场，直接影响国家文化安全。

文化管理体制性障碍已成为我国文化产业发展中最突出的矛盾。传统文化产业比重过大，文化体制改革的路径依赖与文化产业组织政策、文化产业结构政策创新缺乏整体配套，条块分割、行业壁垒矛盾突出。宏观管理体制职能交叉，管办不分，产业政策缺乏透明度。

影响文化发展的体制性因素主要有：政府与文化企事业单位的关系、文化政策及文化立法、文化宏观管理、文化事业与文化产业的界定、文化产业的集团化问题等。改革的突破口在于理顺政府与文化企事业单位的关系，按照政事分开、政企分开、企事分开的原则，进一步转变政府职能，使政府从经办文化事业的具体事务中解脱出来，把主要精力转到定政策、定规划、管宏观、抓监管上来。

从现有文化管理体制看，涉及文化和旅游部、国家广播电视总局、科学技术部、教育部、国家文物局、国家体育总局等。这是一种事业型体制而非产业型体制。政府文化部门主要按照文化产品的类型来划分行业，设置高度专业化的管理部门。过度的专业化分工导致文化部门机构设置重叠，职能交错，部门之间职能边界不清晰；产业发展所需的文化资源分散在文化、新闻出版、广播电视、科学技术、教育、旅游、体育等各个政府部门，行业部门的微观管理过细，条块分割，政出多门，管理分散，而政府宏观管理职能缺位，缺乏统一高效的文化产业信息系统，存在严重的信息结构与管理决策结构不对称。

（二）文化体制改革的进程

改革开放以后，我国对文化体制改革进行了一些探索。这主要表现在以下几个方面：（1）在所有制上，国有文化事业和非国有文化机构共同发展；（2）在资源配置方式上，文化行业中资源计划配置与市场配置方式并存；（3）在文化市场的建设方面，初步建立了文化市场管理体系；（4）在文化行业性质认定上，区别公益性文化与经营性文化、竞争性文化行业与非竞争性文化行业，初步确立了不同的管理模式。

20 世纪 80 年代初，我国已经开始提出文化体制改革的任务和目标。1988 年，文化部、国家工商行政管理局发布《关于加强文化市场管理工作的通知》，正式提出文化市场的概念。

1992 年之后，我国对文化体制改革的重要性和必要性的认识进一步提高。

1996 年 10 月，中共十四届六中全会通过的《中共中央关于加强社会主义精神文明建设若干重要问题的决议》，提出了文化体制改革的任务和一系列方针，明确要区别情况，分类指导，理顺国家、单位、个人之间的关系，逐步形成国家保证重点、鼓励社会兴办文化事业的发展格局。

1997 年，中共十五大报告提出“要深化文化体制改革，落实和完善文化经济政策”，“弘扬主旋律，提倡多样化”。

2000 年 10 月，中共十五届五中全会通过的《中共中央关于制定国民经济和社会发展第十个五年计划的建议》，第一次在中央文件里提出“文化产业”概念，要求完善文化产业政策，加强文化市场建设和管理，推动有关文化产业发展。

2001 年，中宣部、国家广播电视总局、新闻出版总署发布《关于深化新闻出版广播影视业改革的若干意见》，提出文化体制改革要以发展为主题，以结构调整为主线，以集团化建设为重点和突破口，着重在宏观管理体制、微观运行机制、政策法律体系、市场环境、开放格局五个方面积极进行探索创新。这一时期还组建了包括中国广播电影电视集团和中国出版集团在内的文化企业集团 70 多家，有报业集团 38 家、出版集团 10 家、发行集团 5 家、广播电视集团 12 家、电影集团 5 家。

2002 年，中共十六大报告提出积极发展文化事业和文化产业，明确了文化体制改革的方向和目标，提出要抓紧制定文化体制改革的总体方案，把深化改革同调整结构和促进发展结合起来，理顺政府和文化企事业单位的关系，加强文化法制建设，加强宏观管理，深化文化企事业单位内部改革，逐步建立有利于调动文化工作者积极性、推动文化创新、多出精品、多出人才的文化管理体制和运行机制。

2003 年 6 月，中央召开全国文化体制改革试点工作会议，北京、广东、浙江、深圳、沈阳、西安、丽江等 9 个省市被确定为文化体制改革试点地区，另有 39 个宣传文化单位被确定为改革试点单位。

2003 年 10 月，中共十六届三中全会通过《中共中央关于完善社会主义市场经济体制若干问题的决定》，明确提出文化体制改革的目标是按照社会主义精神文明建设的特点和规律，适应社会主义市场经济发展的要求，逐步建立党委领导、政府管理、行业自律、企事业单位依法经营的文化管理体制。

2004 年，中共十六届四中全会通过《中共中央关于加强党的执政能力建设的决定》，提出解放和发展文化生产力，强调文化体制改革要以体制机制创新为重点，增强微观活力，健全文化市场体系，依法加强管理，促进文化事业全面繁荣和文化产业快速发展，增强我国文化的总体实力。

2005 年 12 月，中共中央、国务院发布《关于深化文化体制改革的若干意见》，对文化体制改革的进程做了回顾，明确了深化文化体制改革的指导思想、原则要求、目标任务，阐述了文化事业分类改革、结构调整和培育文化市场体系、健全宏观管理体制、加强对文化体制改革的领导等问题，强调必须充分认识文化体制改革的重要性和紧迫性，为建设社会主义先进文化注入强大动力。

文化体制改革要建立健全两个体系：一是依法规范文化市场秩序，健全文化市场体系，完善文化市场管理机制，形成以公有制为主体、多种所有制经济共同发展的文化产业格局和以民族文化为主体、吸收外来有益文化的文化市场格局；二是加强文化法制建设，建立健全文化法律法规体系，不断推进文化生活的法制化、规范化。

2006 年 3 月，中央召开深化文化体制改革工作会议，提出要以发展为主题，以改革为动力，以体制机制创新为重点，以创造更多更好适应人民群众需求的精神文化产品为目标，深入推进文化体制改革，解放和发展文化生产力，促进公益性文化事业全面繁荣和文化产业快速发展，为建设社会主义先进文化做出新的贡献。

2011 年 10 月 18 日，中共十七届六中全会通过《中共中央关于深化文化体制改革推动社会主义文化大发展大繁荣若干重大问题的决定》，全面分析了新的形势和任务，认真总结了我国文化改革发展的丰富实践和宝贵经验，研究部署了深化文化体制改革、推动社会主义文化大发展大繁荣，进一步兴起社会主义文化建设新高潮，对夺取全面建设小康社会新胜利、开创中国特色社会主义事业新局面、实现中华民族伟大复兴具有重大而深远的意义。

2012 年中共十八大报告、2017 年中共十九大报告，都强调深化文化体制改革。为人民提供丰富的精神食粮、推动文化繁荣发展，动力在改革，出路在改革。

要把握文化创作市场传播特点，进一步发挥市场在文化资源配置中的积极作用，推进文化体制机制创新，完善文化管理体制，加快构建把社会效益放在首位、社会效益和经济效益相统一的体制机制，形成有利于创新创造的文化发展环境，调动全社会参与文化改革发展的积极性、主动性、创造性。推动文化事业繁荣发展，以完善公共文化服务体系为重点，创新公共文化服务方式，深入实施文化惠民工程，丰富群众性文化活动，提高基本公共文化服务标准化均等化水平。推动文化产业加快发展，以健全现代文化产业体系和市场体系为重点，促进文化产品和要素在全国范围内合理流动；创新市场经营机制，完善文化经济政策，运用云计算、人工智能、物联网等科技成果，培育新型文化业态。要深化文化体制改革，解放和发展文化生产力，发扬学术民主、艺术民主，为人民提供广阔文化舞台，让一切文化创造源泉充分涌流，开创全民族文化创造活力持续迸发、社会文化生活更加丰富多彩、人民基本文化权益得到更好保障、人民思想道德素质和科学文化素质全面提高、中华文化国际影响力不断增强的新局面。

二、文化体制改革的关键

文化体制改革要解决以下几个关键问题：

（一）创新文化管理体制

要理顺管理体制，就必须确立“大文化”概念。“文化”不应该与“教育”“科学”“卫生”并列，而应该处在更高的层次。科学技术是文化的组成部分。教育也可归入文化领域。卫生应该列入社会服务或社会保障领域。新闻出版、广播电影电视、体育等都属于文化的范畴。

我们可以参考一下日本和韩国的有关情况。

日本内阁有文部科学省，除大臣官房外，设有终身学习政策局，初等中等教育局，高等教育局，科学技术、学术政策局，研究振兴局，研究开发局，体育、青少年局，文化厅，涉及教育、研究、科学技术、体育、文化等领域。

韩国政府文化体育观光部下设机构除监察官/总务课、政策宣传管理室、宗务室外，设有文化政策局、文化媒体局、艺术局、文化产业局、观光局、体育局、观光休闲都市推进企划团等。文化体育观光部的主要职责是监管文化、艺术、宗教、旅游、体育、青少年事业等方面的工作，文化产业局下设文化产业政策科、出版报刊科、广播广告科、影像振兴科、游戏唱片科和文化项目振兴科，文化政策局下设版权科等。

我国由几个政府机构分管文化事业和文化产业。应适应文化事业和文化产业发展的需要，重新培植文化权力，在制度的层面上，实现对文化生产力的制度性解放。有效的制度创新只有与文化产业生产力结构的创新性变革同步，才能导致文化产业的绩效增长，才能从根本上解决制约我国文化产业发展的结构性矛盾。目前文化管理的条块分割格局，带来了管理上的矛盾和困难，文化部门整合势在必行。

各地已开始一些改革探索，由小文化体制向大文化体制转变。很多地方将文化、新闻出版、广播电视、版权、文物管理、旅游部门合在一起，这样有利于统一管理，密切合作，实现文化资源的优化配置，形成整体优势。

建议成立全国人大常委会文化委员会，统筹有关文化的立法和政策法规的制定。

建议国务院设立文化建设委员会，统一管理文化事业和文化产业。

大文化体制，涉及文化艺术、新闻出版、广播电影电视、科技、教育、体育等领域，各方面相互联系、密切配合、互动合作。

要探索建立党委领导、政府管理、行业自律、企事业单位依法运营的文化管理体制。必须加强和改进文化领域宏观管理，加快转变政府职能，强化政策调节、市场监管、社会管理和公共服务的职能，明确文化行政管理部门职责，理顺文化行政管理部门与所属文化企事业单位的关系，真正形成一个行为规范、运转协调、公正透明、廉洁高效的文化管理体制。

要改变政府文化职能部门用计划经济的手段管文化、办文化事业的状态，转变政府文化管理职能，这是深化文化体制改革的根本要求。

要深化文化行政管理体制改革，推动政企分开、政事分开，理顺政府和文化企事业单位的关系。要完善管人、管事、管资产、管导向相结合的国有文化资产管理体制，坚持社会效益优先，努力实现社会效益和经济效益的统一，建立和完善国有文化企业评估、监测、考核体系，加强国有文化资产监管，确保国有资产保值增值。要探索建立适应三网融合业务发展的管理体制和工作机制。要健全文化市场综合行政执法机构，完善综合文化行政责任主体。要坚持主管主办制度，落实谁主管谁负责和属地管理原则，严格执行文化资本、文化企业、文化产品市场准入和退出政策，综合运用法律、行政、经济、科技等手段提高管理效能。要深入开展“扫黄打非”，完善文化市场管理，坚决扫除毒害人们心灵的腐朽文化垃圾，切实营造确保国家文化安全的市场秩序。要加强文化及相关产业统计工作，完善分类标准和统计指标，规范统计方法，增强统计数据的科学性和可比性。

深化文化管理体制改革，要以观念创新为先导，以调整优化政府行政管理结构为突破口。在文化管理组织结构方面，建立合理的文化行政管理机构，加强政府的综合协调职能，形成政府支持社会文化发展、构建公共文化服务体系的新格局。在文化管理手段方面，要从以行政手段为主转向综合运用法律、经济、行政等管理手段。在所有制结构上，积极鼓励和引导多种经济成分进入文化领域，形成社会多方力量兴办文化的格局。

发展文化产业，涉及新闻出版、广播电视、电影、电子产业、知识产权、网络等部门。现在没有一个统一的主管部门，“多龙治水”，实有不便。

如文化遗产和自然遗产的保护和管理工作，现在是多头管理，并存在管理不到位的情况。“文化遗产抢救工程”是社会组织中国民间文艺家协会在呼吁和运作，政府管理部门没有给予足够的关注和支持。2003年，文化部推出“口头及非物质文化遗产保护工程”，但与其他国家相比，力度还不够。住建部主管风景名胜区工作，生态环境部负责自然保护区工作，而各种不同类型的自然保护区则由林业、海洋、国土资源、农业、水利等不同部门分别管辖，经常出现互相扯皮的事情。

要高度重视和保护已列入世界文化遗产和自然遗产的项目，这些遗产是我们国家和民族的瑰宝，也是全世界的财富。还应特别重视濒临失传的文化遗产，挖掘民间文化财富。要进行保护性开发，而不是进行掠夺式开发，要加大文化遗产和自然遗产的宣传和保护力度，切实取得成效。

政府文化管理部门要把重心放在社会管理和市场监管上，管导向、管原则，管规划、管布局，管市场、管秩序，管住方向，管活机制，管好质量，管出效益。必须坚持以下原则：一是把握好宏观与微观的尺度，政府主要行使宏观调控职能，通过制定产业政策和发展规划，来引导文化产业的合理布局和结构调整；二是确立以经济手段为主的综合调控措施，通过财政、税收、价格等经济杠杆的调节，确保文化产业的快速健康发展；三是只要不危及国家文化安全且市场机制能够解决的问题就交由市场解决，政府一般不予干预。

政府要设立出资人机构，和从事公共管理职能的机构分开，落实国有文化资产监管的责任，建立国有文化资产委托代理体制，把产权责任落到实处。出资人机构受政府委托拥有股权，以股东的方式行使出资人权利，履行出资人职责，不直接参与具体经营。

对于公益性文化事业，主要是深化体制机制改革。公益性文化事业组织实行事业体制，以增加投入、转换机制、增强活力、改善服务为重点，全面引入竞争机制，加大体制机制改革力度。

推进文化事业单位改革，要根据现有文化事业单位的性质和功能，区别对待、分类指导，明确不同的改革要求。

加大农村文化基础设施建设投入，逐步解决农村文化产品和服务相对缺乏的问题，丰富农民群众精神文化生活。完善城市社区文化设施，加强文物保护，扶持民族优秀传统文化。

对于非公益性文化事业，主要是深化体制改革，也包括机制的创新。非公益性文化事业组织实行企业体制，自主经营，自负盈亏，自我发展，自我约束。非公益性文化事业组织的改制分三种情况：一是分离改制，将文化事业中的广告、印刷、发行、制作等部分分离出来，转制为企业；二是整体改制为企业，主要是将过去是事业性质的文化单位整体转制为企业；三是直接进行股份制改造。要繁荣文化市场，满足人民群众多方面、多层次、多样性的文化需求；坚持以市场为导向，充分发挥市场在资源配置中的基础性作用，形成统一、开放、竞争、有序的现代文化市场体系；调动全社会力量发展文化产业，形成以公有制为主体、多种所有制经济共同发展的文化产业格局；形成富有效率的文化生产和服务的运行机制，提高文化企业的竞争力。

政府应将某些公益性的文化产品和文化服务从市场机制中分离出来，制定特殊的评价标准，提供更多的资助。同时提倡社会捐助，支持公益性文化事业的发展。对于现有的事业体制，应当按照分类分流的原则进行改革。分类是对事业进行再分类，对于继续保持事业公益性的部分，特别是重要的文化事业单位，由国家继续予以财政包干或补贴；对于缺乏上述职能的事业单位则予以解散，对人员进行重新安置。分流是从具体的角度来解决公益性文化事业单位的定位或转企改制问题的具体形式。

中国是文化资源大国，却是文化产业小国，其原因就在于对本国文化资源的充分利用和对世界文化资源的有效配置能力较弱，这严重影响了中国文化产业的整体竞争能力。

要培育和建设一批出版、电子音像、影视和动漫制作、演艺、会展、文化产品分销等产业基地，大力提高文化产业规模化、集约化、专业化水平。要重点培育发展一批实力雄厚、具有较强竞争力和影响力的大型文化企业和企业集团，支持和鼓励大型国有文化企业和企业集团实行跨地区、跨行业兼并重组，鼓励同一地区的媒体下属经营性公司之间互相参股。要支持中小型文化单位朝“专、精、特、新”方向发展，形成富有活力的优势产业群。要大力推进文化领域所有制结构调整，坚持以公有制为主体，鼓励和支持非公有资本以多种形式进入政策许可的文化产业领域，逐步形成以公有制为主体、多种所有制经济共同发展的文化产业格局。要大力推进文化产业升级，用先进的科学技术促进文化产业发展。

在大力发展文化产业的过程中，必须注入思想内涵，关注文化的精神力量，不能单纯地追求经济效益，迎合感官娱乐。

从现实来看，有的演出或展览不重品位，只造声势，图热闹，场景壮观，外表华丽，却没有多少实质性的内容。更有甚者，动用公款，所谓“文化搭台”“经济唱戏”“政治作秀”，结果是劳民伤财。

有些投资甚巨的“大片”，注重“豪华制作”“明星阵容”，场面花哨，气势恢宏，然而却没有什么鼓舞人心、给人教益的内容，使人得不到精神上的享受。文化作品如果只是为了迎合市场、占领市场，而不能展示深层的文化底蕴，那只能是过眼云烟，没有持久的生命力。

出版业是文化产业的一支生力军，我国更是出版大国。教材和教辅图书占图书出版的大头，但很多重复出版，质量参差不齐。报业以拉广告为支撑，报纸越出越厚，读者越来越少，其原因之一是吸引人注意力、提升人们阅读情趣的内容太少。

现在网络游戏业甚为发达，投资回报率甚高，但如果游戏业的繁荣以消磨人的时间和意志、损害人的健康和思考能力为代价，这样高涨的利润到底是财富还是“杀手”？适当的娱乐是需要的，但如果过了头就会深受其害，也许要过若干年才能看清其后果。

繁荣文化市场，必须坚持正确的方向，符合市场经济的要求，更要注重有利于人们的精神健全、心理健康，提升文化品位，升华精神境界。

文化企业在追求经济利益的同时，要将公益目的作为企业发展的重要目标。

必须建立现代文化企业制度，包括文化企业的产权制度、管理制度、契约制度等。

（二）深化文化事业单位改革

按照国家分类推进事业单位改革的总体要求，科学界定文化事业单位的性质和功能，突出公益属性、强化服务功能、增强发展活力，全面推进人事、收入分配和社会保障制度改革，明确服务规范，加强绩效评估考核。加大国家投入，增强活力，改善服务。

创新公共文化服务设施运行机制，对图书馆、博物馆、文化馆(站)、群众艺术馆、美术馆等公益性文化事业单位，要探索建立事业单位法人治理结构，吸纳有代表性的社会人士、专业人士、基层群众参与管理。深入推进党报党刊发行体制改革和电台电视台制播分离改革，进一步完善管理和运行机制，不断扩大主流媒体的覆盖面和影响力。推动一般时政类报刊社、公益性出版社、代表民族特色和国家水准的文艺院团等事业单位实行企业化管理，增强面向市场、面向群众提供服务的能力。

（三）加强文化市场建设与管理

以建立现代企业制度为重点，加快推进经营性文化单位改革，培育合格市场主体，形成统一、开放、竞争、有序的文化市场体系。独立的市场主体是文化产业发展的基石。发挥市场机制的作用，引入竞争机制。完成一般国有文艺院团、非时政类报刊社、新闻网站转企改制，拓展出版、发行、影视企业改革成果，加快公司制股份制改造，完善法人治理结构，形成符合现代企业制度要求、体现文化企业特点的资产组织形式和经营管理模式。推动国有文化企业积极参与市场竞争、自觉承担社会责任。把改革、改组、改造与创新管理结合起来，把深化改革与调整结构、整合资源结合起来，把建立现代企业制度与推进政企分开、转变政府职能结合起来，在政府引导下发挥市场机制的积极作用，充分发挥国有文化资本的控制力、影响力和带动力。

健全现代文化市场体系。加快发展各类文化产品和要素市场，打破条块分割、地区封锁、城乡分离的市场格局，构建统一、开放、竞争、有序的现代文化市场体系，促进文化产品和要素在全国范围内合理流动。重点发展图书报刊、电子音像制品、演出娱乐、影视剧、动漫游戏等产品市场，进一步完善中国国际文化产业博览交易会等综合交易平台。发展连锁经营、物流配送、电子商务等现代流通组织和流通形式，加快建设大型文化流通企业和文化产品物流基地，构建以大城市为中心、中小城市相配套、贯通城乡的文化产品流通网络。加快培育产权、版权、技术、信息等要素市场，办好重点文化产权交易所，规范文化资产和艺术品交易。健全文化经纪代理、评估鉴定、投资、保险、担保、拍卖等中介服务机构，引导行业组织更好地履行协调、监督、服务、维权等职能。

文化体制改革，必须因地制宜，分类指导，以点带面，统筹兼顾。深化文化体制改革，是文化发展的唯一出路。

三、完善文化政策与法规

文化政策是对文化的根本态度、基本要求和管理方式的集中概括和原则规定，是对文化艺术、新闻出版、广播电影电视、文物博物等领域进行行政管理所采取的一整套制度、规范、原则和要求的总称。

（一）完善文化政策

文化政策是文化的政治表现形态，是国家形态下人类有意识的、自觉的文化政治行为和文化管理行为。文化政策的制定，是文化自身为寻求生存和发展而产生的一种需要的结果，一种文化的自我规范和约束。文化政策也是调节文化与社会之间关系的杠杆。文化政策必须体现国家文化意志并服从国家利益，文化在满足政治需要的同时，必须满足社会公众的需要，充分考虑到文化分配的公平、人民文化生活水平的提高和文化的社会稳定。

文化政策环境是文化产业发展的文化生态要素。文化生态状况直接决定了一定区域文化与文化产业的繁荣程度。要根据改革发展的需要制定相关政策，包括知识产权保护、文化产品质量评估和检验、融资、市场监管等方面的政策。

1. 政府投入保障政策

党的文化意志应该通过法律程序贯彻到政府行为之中，为国家制定文化发展与管理的方针政策提供合理性依据和合法性基础。

加大政府投入力度，建立健全同国力相匹配、同人民群众文化需求相适应的政府投入保障机制。保证公共财政对文化建设投入的增长幅度高于财政经常性收入增长幅度，提高文化支出占财政支出比例。增加公共文化服务体系建设资金和经费保障投入。以农村和基层、边疆民族地区、贫困地区为重点，优先安排涉及广大人民群众切身利益的文化项目，重点保障基层公共文化机构正常运转和开展基本公共文化服务活动所需经费，扶持公共文化机构的技术改造和设备投入。依法保障公共文化设施用地。设立农村文化建设专项资金，保证一定数量的中央转移支付资金用于乡镇和村文化建设。转变投入方式，通过政府购买服务、项目补贴、以奖代补等方式，鼓励和引导社会力量提供公共文化产品和服务，促进文化产业发展。设立国家文化发展基金，扩大有关文化基金和专项资金规模，提高各级彩票公益金用于文化事业比重。增加文化遗产保护经费投入。支持政府间文化交流和中华文化“走出去”。支持战略性、先导性、带动性文化产业项目建设，支持文化科技研发应用和提高文化企业技术装备水平。

2. 文化经济政策

对已有支持文化体制改革、支持文化事业和文化产业发展的经济政策进行修订或延续。进一步落实鼓励社会组织、机构和个人捐赠以及兴办公益性文化事业的税收优惠政策，促进企业及民间对文化的投入明显增加。加大财政、税收、金融、用地等方面对文化产业的政策扶持力度，对文化内容创意生产、非物质文化遗产项目经营实行税收优惠。继续征收文化事业建设费和国家电影发展专项资金。落实和完善金融支持文化产业发展政策，加强和改善对文化企业的金融服务。发挥文化产业投资基金的引导作用，吸引金融资本和其他社会资本进入文化产业。完善文化市场准入政策，吸引社会资本投资文化产业。加强对原创性作品的政策扶持和创新型人才的培养。把文化科技研发纳入国家科技创新体系，制定文化产业支撑技术的类别和范围，运用产业政策鼓励文化企业集成应用高新技术，支持文化装备业与文化产业协调发展。继续执行文化体制改革配套政策，对转企改制国有文化单位扶持政策的执行期限再延长五年。

3. 文化贸易促进政策

加大已有支持对外文化贸易各项优惠政策的落实力度，进一步完善有关财税政策，支持文化企业“走出去”。支持文化企业在海外投资、投标、营销、参展和宣传等市场开拓活动，为文化企业“走出去”提供通关便利。对符合条件的文化企业发展海外业务给予账户开立、资金汇兑方面的政策便利。加强文化企业和文化产品在进出口环节的知识产权保护，维护权利人的合法权益。

4. 版权保护政策

建设涵盖文学艺术、广播影视、新闻出版等领域的版权公共服务平台和版权交易平台，扶持版权代理、版权价值评估、版权质押登记、版权投融资活动，推动版权贸易常态化。加强版权行政执法和司法保护的有效衔接，严厉打击各类侵权盗版行为，增强全社会的版权保护意识。发展版权相关产业。

5. 具体政策

制定和完善扶持公益性文化事业、发展文化产业、激励文化创新的政策。还需要制定具体的限定性政策，如在文化艺术作品领域建立分级制度。要建立一条底线，保障执法的透明性和公正性。

（二）法制保障

要运用法律规范来规定社会文化生活的各种准则，以保证国家文化政策得到贯彻。新中国成立以来，全国人大常委会、国务院和国家有关部门陆续制定和颁发了 300 多部关于文化事业的法律、法规、规章制度和政策性文件，如《文物保护法》《著作权法》《广播电视管理条例》《电影管理条例》《出版管理条例》《音像制品管理条例》《印刷业管理条例》《著作权集体管理条例》《文化市场管理条例》等。但现有法律、法规与当前文化发展特别是文化体制改革的要求不相适应。

应建立健全文化法律法规体系，加快文化立法。文化立法的基本框架包括宪法、文化基本法、专门法、行政法规和地方法规等。具体分为三类：第一类为公共文化事务法，目的是确定国家在发展公共文化方面的责任，为社会提供参与公共文化事务所需要的条件和环境；第二类为文化管理法，目的是确定政府行使文化管理职能的权力和责任，规范文化行政行为；第三类为行为法，目的是确定文化生产和消费的基本经济关系。

为适应文化发展和文化体制改革的需要，应该逐步制定《文化产业促进法》《公益文化法》《文艺演出法》《非物质文化遗产保护法》《文化基金法》《保护知识产权法》《广播电视法》《新闻法》《出版法》《文化市场管理法》《网络法》等基本文化法律。此外，还要制定与基本文化法律相互配套和衔接的各种专门法规。

政府文化管理部门的权力要受到法律、法规的有效约束，政府文化管理部门的职责要受到法律、法规的监督。制定和完善公共文化服务保障、文化产业振兴、文化市场管理等方面的法律法规，将文化建设的重大政策措施适时上升为法律法规，加强地方文化立法，提高文化建设法制化水平，形成科学合理、层次分明、配套完善的以保障公民基本文化权益为主线的文化法律法规体系。

第七章　文化传统与文化遗产

文化在人类的世代繁衍中与时间同行，久而久之就形成了文化传统。学习和传承文化，应成为一个民族的自觉习惯。任何时代的文化，都是在前代文化的基础上形成和发展起来的。正是通过世代积累，人类文化才变得日益丰富和进步。保护文化遗产，应上升为国家战略。只有在传承的基础上，才能创造新的文化。

一、文化传统与传统文化

对传统、文化传统、传统文化要有清晰的认识。

（一）传统

传统指历代文化积淀并延续下来的带有根本性质的模型、模式、准则的总和。

美国学者爱德华·希尔斯在《论传统》一书中认为，代代相传的、被人类赋予价值和意义的事物都可以看作传统。它包括各种物质产品，关于各种事物的观念思想，对人物、事件、习俗和体制的认识。具体来说，传统包括一个社会与特定时刻所继承的建筑、纪念碑、景观、雕塑、绘画、书籍、工具，以及保存在人们记忆和语言中的所有象征建构。传统是一个社会的文化遗产，意味着人类过去一个历史阶段与另一个历史阶段之间保持了某种连续性和同一性，构成了一个社会创造与再创造的文化密码，并且给人类生存带来了秩序和意义。希尔斯还提出了实质性传统的概念，即崇尚过去的成就和智慧，崇尚蕴含传统的制度，并把从过去继承下来的行为模式视为有效指南。如对宗教和家庭的感情、对祖先和权威的敬重、对家乡的怀恋之情等。不论社会发生多么大的变化，这些东西仍然有很强的生命力。这就是传统的力量。

对传统较有代表性的表述是："传统是围绕人类的不同活动领域而形成的代代相传的行事方式，是一种对社会行为具有规范作用和道德感召力的文化力量，同时是人类在历史长河中的创造性想象的沉淀。"①

张立文等人认为，传统是反映客体事物最一般规定性的概念，包括文化、思想、行为模式、思维方式、伦理道德、风俗习惯、宗教信仰、心理素质传统以及文学传统等要素。传统主要表现为四个方面：(1) 价值观念系统，主要指客观事物及其属性与主体需要的某种肯定和否定的关系结构。传统的价值观念由自然的价值观念、社会的价值观念、人自身的价值观念以及历史的价值观念等组成，它是传统系统的核心。(2) 精神心态系统，主要指传统的性格、格调、志趣、心态、感情结构、理想境界等，它是传统内在的活力。传统的精神心态表现为传统主体的精神气质，包括人们的心理结构特征，对知、情、意的态度，在实际精神活动中的关系，社会风俗习惯，以及各种精神形式（如宗教、哲学、艺术、文学）等。(3) 知识系统，主要指参与传统活动的精神要素、思维模式以及传统再创造的工具等，包括经验型知识和理论型知识。(4) 语言符号系统，主要指传统传播、交流和延续所必需的载体，是传统的价值观念系统和精神心态系统的外部表现。不同的语言符号展现不同的民族精神。这四个方面缺一不可，共同构成传统的整体形态。

---

① 傅铿. 译序//希尔斯. 论传统. 上海：上海人民出版社，1991：2.

（二）文化传统

文化传统是指长期形成的持续对一个民族起作用的某一文化体系，它是在一定时空范围内形成的价值观念、思维模式、行动准则、道德规范、风俗习惯等的总和。庞朴认为，“文化传统一般是指民族的、支配千百万人的这样一种观念和力量，那样一个习惯势力或者说那样一个惯性，它是人们在日常生活中所遵循的那么一种模式，人们遵循它而行动，但是又不能意识到它的存在这样一种精神力量”①。它包括前人所创造并遗留下来的器物形态的文化成果，也包括各种规范和观念形态的文化遗产，如社会道德规范、政治制度、法律制度、婚姻制度、语言、宗教、思维方式等。人们都受到特定文化传统的影响和制约，既受到一定的规则制度、伦理规范的直接约束，也受到长期积淀下来的某些心理暗示、思维惯性的引导。

有学者认为，文化传统指“文化累积中影响深远、贯通古今，其影响及于现在以至未来的那些具有根本性的内隐与外显的要素”②。

任何一个民族都有其文化传统，它的主要特征为：(1) 民族性。每一种文化传统都是一个民族的传统，民族既是它的载体，又是它的主体。(2) 地域性。不同的地理环境，使各民族表现出不同的文化特色。在同一文化传统内，不同的地理环境，也导致了不同地区民众在生理、心理素质、性格、心态、思维方式、文字、语言、风俗习惯等方面的差异，呈现出不同的文化风貌。(3) 历史性。任何文化传统都是历史长期发展演变的产物。(4) 时代性。每一个时代，不同民族和地域的文化都在吸收新鲜血液，新陈代谢，改变自身的内容和形式，以适应时代需要。(5) 劣根性。任何一种文化传统都有其不好的、恶劣的一面。③

有人认为文化传统的主导特征为稳定性、延续性和系统性。文化传统是一个文化群体在广阔的时空背景下和众多的文化事项中，经过世

---

① 庞朴. 文化的民族性与时代性. 北京：中国和平出版社，1988：159.

② 刘守华. 文化学通论. 北京：高等教育出版社，1992：100.

③ 马克锋. 文化思潮与近代中国. 北京：光明日报出版社，2003：19-20.

代选择而成的。一种文化要素只有被证实其适应性与优越性，为大多数社会成员所认同和接纳，才能在一个群体中延续，才能称为传统。文化传统与文化的结构相一致，是一个由多种要素构成的、复杂的整体。

（三）传统文化

传统文化相对于现代文化而言，是指历史上遗留下来的文化财富、文化事项。传统文化的基本内核是一个民族的记忆和灵魂，也是一个民族进步的源泉和动力。我们主要分析中国传统文化。

中国传统文化，是中华民族在漫长的历史发展过程中所创造和形成的特殊的世界观、价值观体系，以儒家思想为主流，融聚佛、道观念等文化因素，以探求宇宙人生的根本道理为宗旨，具有道德理想主义色彩，用中国人特有的语言表述方法建构了一套特定的思维方式和理论框架，体现了中华民族的精神和风貌。

中国传统文化是一个庞大而复杂的体系，包括汉民族文化和各少数民族文化，有雅文化（精英文化）和俗文化（大众文化）、显文化和隐文化、庙堂文化和山林文化之分。从广义上说，中国传统的思想、历史、地理、科技、文化、政治、经济、军事、考古、工艺、建筑、文学、艺术、生活方式，还有中医、服饰等都是传统文化的组成部分。

儒家的影响主要在于伦理道德、家族、礼乐、制度等方面；道家、佛教和其他流派对生活方式都有影响；政治方面，法家则产生了更深刻的影响；对于军事，则以兵家为主导。中国古代文明鼎盛时期是百家争鸣的时期。

对于中国传统文化的基本特征，学术界有不同的看法。主要有：

（1）天人合一，知行合一，情景合一。

（2）刚健有为，崇德利用，和与中，天人协调。

（3）大一统与多元化两种倾向并存，作为主导心理的入世思想、以伦理道德为中心的精神支柱、朴素的整体观念、注重直觉体悟的思维方式。

（4）四大优点：抽象力发展比较成熟，概括能力比较强，内省力高度发展，长期存在尚文精神。四大不足：实证能力不足，具体开展能力不足，外向进取性不足，尚武精神不足。

（5）四轻四重说：轻自然，重人事；轻自由，重人伦；轻理智，重直觉；轻利益，重道德。

（6）自强不息、不畏艰险、艰苦奋斗、热爱劳动、勇于进取、刚健有为；反对侵略，维护民族团结和祖国统一的爱国精神；民为邦本的民主思想，坚持通变的革新精神，以道德教育代替宗教说教的优良传统；丰富的辩证思维方式；无神论传统；善于包容的传统；等等。

（7）民本理想与专制现实，一元经济与士农合一，家庭功能与忠孝观念，价值观念与道德取向，人格结构与国民特性。①

（8）儒、道融合，“天人合一”，得道多助的政治理念，兼爱互利的经济主张，崇尚自然的环保模式，和而不同的文化关系准则。

要吸收中国传统文化的积极因素，改造其不足和不适应时代要求的内容，创造中华民族新的文化。

概括起来说，中国传统文化主要体现在以下方面：

1. 人本观：突出人本、人伦，具有民本思想

传统的民本思想，经历了盘庚的“重民”、周公的“保民”到孔子的“爱民”，从孟子的“民贵君轻”、荀子的“君舟民水”到唐宋以来的“民为邦本”，重民、爱民、为民的理念绵延不绝。

中国古代思想家强调人的问题高于一切，认为人们之间有一种共同点，即人性，人性也就是道德性。《管子·霸言》最早提出“以人为本”：“夫霸王之所始也，以人为本。本理则国固，本乱则国危。”以人为本就是指以民为本或以百姓为本。孔子把人性解释为“仁”，孟子解释为“仁、义、礼、智”，荀子解释为“义”。中国文化把人看成群体中的一分子，重群体，重社会，以天下为己任，关心社稷，群体意识强；提倡民本和忠君，子孝臣忠，以民为邦本；尊重权威，强调对维持社会

① 马克锋. 文化思潮与近代中国. 北京：光明日报出版社，2003：22-31.

协调统一的需要；视天下之人为自己的同胞手足，以善良仁爱之心待人接物。

2. 自然观：尊重和顺应自然，强调“天人合一”

人与自然应和谐相处、主客互融的“天人合一”思想体现了中国文化的显著特色。天人合一观念在先秦就萌生了。《周易·序卦》曰：“有天地，然后有万物；有万物，然后有男女；有男女，然后有夫妇。”《中庸》曰：“能尽人之性，则能尽物之性。能尽物之性，则可以赞天地之化育。可以赞天地之化育，则可以与天地参矣。”张载在《正蒙·乾称》中说：“因明致诚，因诚致明，故天人合一，致学而可以成圣，得天而未始遗人。”“天”是指不以人的主观意志为转移的必然性、客观性以及自然界，“人”是指人的主观能动性、精神意志、生产活动、社会活动和人的创造。

儒家思想强调顺应自然，人是自然的一个部分，并以自然界的存在为自身存在的前提，谋求人与自然的合一、与自然界的“天道”融合，赋予自然人文意蕴。人与自然应和谐相处，顺应“天道”，不违逆自然，实现主客互融的“天人合一”。由“仁民”而“爱物”，对普天下生灵和万物都存在怜悯爱惜之心，不暴殄天物。

“天人合一”思想认为，人是自然界的一部分，自然界有普遍规律，人类社会的道德原则与自然规律是一致的，人生的最高理想应该是天人之间的协调，保持人与自然之间的平衡与和谐。

3. 实践观：强调实事求是、自强不息

实事求是是中华民族的优秀思想传统。中国古代哲学讲“躬行、践履”，还有力行、践行、实行、笃行等概念，包括道德实践和社会实践。

中国传统文化具有“经世致用”的传统，认为学问须有益于国家，强调学问面向现实，为现实服务。春秋时期有“三事”说：“正德、利用、厚生，谓之三事。”（《左传·文公七年》）正德，指端正品德；利用，指便利器用，即发明和改进各种工具器物；厚生，指丰富生活。“三事”兼重物质生活和精神生活。《周易·系辞下传》说：“精义入神，以致用也。利用安身，以崇德也。”这里强调了实用、利用。

在儒、法、墨等哲学思想熏陶下形成了中华民族刚健有为、自强不息的精神。这就是《易传》所称的“天行健，君子以自强不息”“刚健而文明，应乎天而时行”，认为君子像天道运行一样，刚健有为，追求自我超越，永不止息。自强不息，主要是指自己跟自己竞争，不断超越自己，勤勉奋发，持之以恒，与不断变化的世界保持一致。这种精神一直激励着中华民族奋斗不息。

4. 价值观：注重和谐，憧憬大同，以真善美的统一为价值标准

中国传统文化追求和谐。和谐，是指不同事物、事物的各个部分、多种成分和平、协调地共生，形成多元化、多样化的有机统一。第一，“和实生物，同则不继”。“和”是生成万物的基础，并使万物生长。“和”的状态就是万物各在其位，各有其分，各得其所。第二，“和为贵”“和而不同”。“礼之用，和为贵。先王之道，斯为美。”（《论语·学而》）孟子说：“天时不如地利，地利不如人和。”（《孟子·公孙丑下》）“和为贵”是人道追求的最高目标，是治理国家、处理各种事务的准则。“和而不同”，是待人处事的基本态度。求同存异，相互认知、相互理解，寻求共识。第三，追求内心的均衡与和谐。主张将私心升华，弘扬利他的爱心（公心），制约与导引私心，实现“两心调谐”“致中和”“与天地参”。

在传统文化中，充满着对“大同”社会的憧憬。平均、平等的思想主要表现为经济利益上的一样。晏婴说：“权有无，均贫富。”（《晏子春秋·内篇》）孔子说：“有国有家者，不患贫而患不均，不患寡而患不安。盖均无贫，和无寡，安无倾。”（《论语·季氏》）“大同”社会作为一种社会心理，它丰富了中华民族的平等自主意识，并转化为争取自由的动力。

中国传统文化形成了独特的价值体系，以善的追求为轴心，并具体展开于天人、群己、义利、理欲、经权以及必然与自由等基本的价值关系，其逻辑的终点则是真善美统一的理想之境。

5. 道德观：注重精神，强调伦理道德的价值和作用

中国传统文化着眼伦理本位，重视道义原则，强调道德的价值和作

用；强调纪律和社会秩序；追求崇高的人格精神，提倡自强不息、刚健有为、积极进取的奋斗精神；强调人的终极目的或人的价值就在于道德人格的自我实践，并从个人道德扩及家庭、社会和国家，正所谓“修身、齐家、治国、平天下”。个人的道德践履，包括“格物、致知、诚意、正心、修身”。

孔子说：“君子义以为上”（《论语·阳货》），“好仁者，无以尚之”（《论语·里仁》），认为“仁”是至高无上的道德标准。“克己复礼为仁，一日克己复礼，天下归仁焉。”（《论语·颜渊》）“富与贵，是人之所欲也，不以其道得之，不处也；贫与贱，是人之所恶也，不以其道得之，不去也。”（《论语·颜渊》）“仁者安仁，知者利仁。”（《论语·里仁》）孔子认为道德实践有两种境界：一种是为道德而实行道德，另一种是因为道德有利而实行道德。孟子提出“天爵、良贵”之说，进一步明确肯定人人都应该具有这种道德或价值。他说：“恻隐之心，仁也；羞恶之心，义也；恭敬之心，礼也；是非之心，智也。仁义礼智，非由外铄我也，我固有之也。”（《孟子·告子上》）

梁漱溟在《中国文化要义》中指出，可以把宗教问题作为中西文化的分水岭，“西洋社会靠宗教和法律，而中国社会却是以道德代宗教，以礼俗代法律”。

6. 发展观：具有朴素的辩证法思想，兼容并包，不断变革

中国传统文化注重整体性和辩证思维，从整体把握宇宙，认为任何现象、事物都不是孤立存在的，是宇宙整体的一个有机组成部分，建构起统一的宇宙图式。辩证法思想是中国传统哲学的突出特色，其中矛盾学说是古代朴素辩证法思想的精华。

中国传统文化具有海纳百川、兼容并包的气度。儒家多元宽容的文化理念成为支配中国文化发展的主导性原则。中华文化从周边文化中吸取营养。《中庸》说：“万物并育而不相害，道并行而不相悖。”“天下同归而殊途，一致而百虑。”

中国古代有“变易”历史观的传统，认为人类历史是不断发展变化的，政治、法律等措施需要随着社会的发展而不断变革更新。《周易·

系辞下》曰："易穷则变，变则通，通则久。"《大学》提倡"日新"精神："汤之《盘铭》曰：'苟日新，日日新，又日新。'《康诰》曰：'作新民。'《诗》曰：'周虽旧邦，其命维新。'"

中华文化的认同力和适应性都很强。认同，使中华文化具有内聚力，保持自己的民族传统，历千年而不衰；适应，则使中华文化顺应环境的变迁，不断调整发展的轨迹，适时应变，与时俱进。要吸收中国传统文化的积极因素，改造其不足和不适应时代要求的内容，创造中华民族新的文化。

中华文化传统中消极因素的主要表现为：

第一，中庸取向价值观和保守倾向。

"安分守己""明哲保身""不为人先"等保守思想对人产生了消极影响。传统文化以求同和尊古为基本价值导向，如尊经注经、论资排辈、明哲保身、封闭保守等，是与创新的思想相违背的。中庸为先、明哲保身的儒家思想，导致人们缺乏勇于冒险、敢于领先的精神，它不利于培养标新立异的创造型人才，不利于积极进取。

第二，传统的思维方式和文化观念带有粗糙性和封闭性。

中国传统思维方式注重直观性、经验性，具有模糊性，忽视思维的理论性、精确性、抽象性，注重笼统的、直观的领悟，忽视通过科学实验、理性分析表达来把握事物的本质规律。儒家思想强调的是"经世致用"，追求知识的实用，知识于是不再是对自然万物的无限认识，而应有所止，它的"止境"就是"德"。精研事物的规律，理解深微的变化，是为了致用，而致用是为了提高道德。读书既是为"用"，那么知识只是手段，不是目的。这样的价值取向和文化传统，影响了对自然、对事物本身的真正探索，很难产生求真求美的科学精神，缺乏精确性、准确性。经学讲究师法、家法，形成墨守成规、自我封闭、不思创新的思维惯性；重经验概括，不重逻辑推理；重整体功用，不重内部分析。这与科学的思维方式有很大的距离。

第三，重人伦轻自然、重人文轻科技的学术倾向。

由于儒家传统的影响，中国文化传统表现出一种重人伦轻自然、重人文轻科技的倾向，以人为核心，而忽视了对自然界本身的认识和改造。在学术研究中，未能把社会与人分开，更未把社会与整个自然界分开，没有发展起有严密逻辑结构的理论，也不重视技术性控制的实验，不重视工艺、技艺。人文文化居于至高无上的地位和一统天下的局面，科技被视为雕虫小技甚至奇技淫巧，导致未能在中国发展起科学文化，这也是近代以来中国科学技术水平落后的一个重要原因。

第四，重群体轻个体。

传统文化重视人的群体性和共性的培养，以共性来铸造个性，反对自我表现，使许多人带有依附性，而缺乏个性和创见。它过分地贬低了个体的价值，使人丧失了自主性和独立性，妨碍了个性自由与多样化的发展。而自主性和独立性、个性自由与多样化的发展恰恰是个体的创造力发展的基础。

第五，重视礼教、等级、“身份意识”。

中国传统社会的基本特征是以血缘关系为基准，依据亲属关系和人伦次序构建起整个家族、社会的体系，中国传统文化模式和心理特征表现为极强的“关系意识”，也使社会成员注重外在的道德礼仪规范，表现出自我克制、自我顺从的人格特征，从而缺少改革创新的内在冲动。推崇权威、崇尚特权，使人们缺乏对先辈和权威的怀疑批判精神。墨守成规和等级森严的儒家传统，对现代中国社会仍有一定影响。在过去的年代中，尊经注经、论资排辈的文化意识给人们构筑了一道无形的屏障，权威统治和尊奉心态造成的氛围无助于形成一个培育个人创造力的社会环境。在传统文化框架内，缺少对自然界的“格物、致知”，缺少探究宇宙奥秘的好奇心。

中国文化传统在整体价值取向上是重“道”轻“器”，强调“经世致用”，而忽略理论的可操作性。中国的知识分子始终没有能摆脱“经世致用”“天人合一”等传统思想的束缚，没有能树立起实证的科学精神。中国古代的“四大发明”等技术成就曾经领先于世界多年，但在近代以后处于停滞、落后状态，原因是多方面的，不能只是从科学技术本身去找原因，还必须从长期停滞、封闭的封建社会以及文化传统中去找原因。

应弘扬中华文化的积极价值，改造其消极的方面。随着全球化趋势的加剧，中华文化的发展面临着新的挑战和机遇。在保持传统的过程中要吸收吐纳，寻求新的表达，在新时代创造新的文化，增强中华民族的凝聚力，共同建设我们的精神家园。

根据对传统文化的不同态度，大致可以分为几派：

（1）保守派，认为传统文化是可贵的，值得后世效法；喜欢向后看，总认为今不如昔。

（2）否定派（激进派），否定传统，认为传统文化是包袱，制约了中国历史的发展。陈序经认为，传统文化从整体上看不适合现代社会。台湾学者柏杨认为，中国传统社会是酱缸，腐蚀力和凝固力极强，表现为奴才政治、畸形道德。

（3）中体西用派，主张中学为体，西学为用，会通中西，务求超胜。如冯桂芬主张“以中国之伦常名教为原本，辅以诸国富强之术”。张之洞提出“旧学为体，新学为用”“中学治身心，西学应世事”，主张用中国的精神、西方的物质治理中国。新儒家都赞成中体西用。

（4）弘扬派，认为需要弘扬优秀的传统文化，传统文化的新生指日可待。如梁漱溟在《东西文化及其哲学》中说世界未来文化就是中国文化的复兴。

（5）一分为二派，认为传统文化既有好的需要继承的精华方面，也有不好的需要摒弃的糟粕方面，应该具体地分析，批判地继承，有所扬弃，有所超越。要取精用宏，化腐朽为神奇。

中国传统文化具有民族凝聚力的功能、精神激励的功能和整合创新的功能。对于传统文化在当时的地位和对我们今天的意义，需要进行具体的分析。要全面认识中国传统文化，取其精华、去其糟粕，使之与现代社会相适应，与现代文明相协调，保持民族性，体现时代性。

二、文化的价值传承

每个人都生活于一定的历史时代，首先面对的是文化传统、固有的生产方式和社会体制。这是不以任何人的意志为转移的。个体在成长过程中逐步社会化，也就是被特定的文化同化。文化的传承是一个长期的过程。全球范围内存在文化多样性，要尊重不同的民族文化，扩大交流和融合，形成全球文化意识。

（一）学习和传承文化

民族文化是人类世代传承积累和发展的文化。它是民族的灵魂，也是维系民族团结的重要精神纽带。民族精神是民族文化心理的历史积淀，是一个民族赖以生存和发展的精神支撑，是一个民族告别愚昧落后、走向文明进步的先导和动力，是民族文化中的精华。

中华民族的民族精神主要体现为：忧国忧民、天下为公的爱国精神，刚健有为、自强不息的进取精神，厚德载物、和衷共济的团结精神，勤劳节俭、艰苦奋斗的创业精神，崇德重义、修身为本的重德精神，等等。其在被赋予新的时代精神的内涵后，成为中国特色社会主义精神文化的组成部分。

中国传统社会的特殊性正在于社会组织各层次的整合是依靠文化系统的功能实现的。发挥文化系统功能的前提是用某种思想方式将各种观念与价值结合为统一的整体，当社会整合依赖各种价值观念的互相整合时，文化系统社会功能的存在则依赖于某种使不同价值观念整合起来的思想方式。①

就文化保存的深层意义而言，更重要的是文化资产背后的价值体系和认知体系（如尊天敬祖、伦理序位、正义节气、孝悌友爱、仪礼禁忌、敬神惜物、温柔敦厚、言语规范、同忧共乐、移风易俗等的传统文化素养），必须一并加以保存与重建，才能深化传统艺术的内在价值。传统艺术教育的推展，对于素质教育具有重大意义。传统原本就与每个人的生活融于一体，与族群的文化共生脉动；而艺术是生活与文化的结晶，通过传统艺术的学习，学生能以亲切而富有美感的方式，去认识乡

① 金观涛，刘青峰．中国现代思想的起源：超稳定结构与中国政治文化的演变：第1卷．香港：香港中文大学出版社，2000：13.

里、欣赏传统、关怀文化，培养对传统的自信与认同，进而注入传统艺术文化创新的原动力，使我们的整体文化呈现根深蒂固的活泼生机和多彩多姿的文化风貌。

文化素质是一个人的立身之本，体现了一个人的知识、修养、道德风貌和精神气质。有知识、有地位不等于有文化。文化是多种因素的复合表现，是浸透一个人骨子里的内核，通过怎么待人和怎么做事体现出来。

公民的文化素质是决定一个国家综合实力的最重要因素。文化氛围的影响是潜移默化的，一个有良好风气的社会文化环境有助于合格公民的成长。一个合格的社会公民应该具备的文化素质包括：基本的科学知识、符合道德的操守、民主平等的意识、遵守法律和制度的习惯、对本民族文化的了解和认同以及自觉维护、对其他民族文化的尊重和爱护。文化体现了一个人的品位和气质、修养。文化修养的形成是一个长期的过程，家庭、学校、社会都有责任。

（二）保护文化多样性的价值

文化是多元的，必须保护文化多样性。任何一种文化，只有它在能够与其他文化相区别时才能被辨识。一方面，文化的起源和演化不可能是同一的；另一方面，人类需要结构的差异性和理想、欲望的丰富性，这些也要由文化的多样性来表达和满足。

《世界文化多样性宣言》指出："各国应在相互信任与理解氛围下，尊重文化多样性。宽容、对话及合作是国际和平与安全的最佳保障之一。""文化多样性——人类的共同遗产文化在各不相同的时空中具有各不相同的表现形式。这种多样性的具体表现形式，便是构成各人类群体所具有的独特性和多样性。文化的多样性是交流、革新和创作的源泉，对人类来说，保护它就像与保护生物多样性进而维护生物平衡一样必不可少。从这个意义上讲，文化多样性是人类的共同遗产，应当从当代人和子孙后代的利益考虑予以承认和肯定。"

经济学家斯蒂芬·玛格林断言："文化多样性可能是人类这一物种

继续生存下去的关键。”

文化多样性是人类创造力持续发展的必要条件。当今西方文化俨然具有了代表人类知识创造能力的特权，旨在形成独一无二的存在局面，这不仅造成了其他国家的形象和民族心理的扭曲，也使得其他国家“屹立于世界民族之林”的心理基础变得越来越脆弱。这种文化心态和文化行为的必然结果是：“在世界全球化的今天，此种文化遗产的诸多形式受到文化单一化、武装冲突、旅游业、工业化、农业人口外流、移民和环境恶化的威胁，正面临消失的危险。”① 联合国教科文组织提倡文化的多样性，其实质就是提倡文化的主体间性，即“从尊重文化多样性的角度促进对话”。

文化多元化包括文化主体的多元化、文化客体的多元化、文化生产和消费的多元化、文化产品的多元化、不同文化形态的多元化等。

目前，由于跨国家跨地区的经贸合作、社会交流，人类文化在物质层面上交流较多，但由于各个利益群体的文化传统以及社会制度与意识形态的差异，在人类文化的制度层面和精神层面上的交流和影响显得不够。更由于旧的国际文化秩序的存在，少数发达国家掌握“话语霸权”，使得现实的文化交流具有极大的不平衡、不对等性。

张立文提出“和合学”的观点，认为不同文明间冲突是21世纪人类所共同面临的挑战和冲突之一，应为全人类的福祉考虑，以人类良知为准则，以和合学的和生、和处、和立、和达、和爱为指导原理，打破狭隘的地区、国家、民族、宗教等中心论观念，以自觉的全球意识、平等的交流态势来观照、筹划文化间的交流和合作问题。和合学是具有中国民族精神的哲学体系，为各国文化间的平等交流以及共同发展提供了可行的、纲领性的文化资源。②

每个民族要保留自己的文化个性，保持人类文化多样性。要改变以西方标准为价值尺度的国际文化秩序现状，就必须融入世界文化的整体

① 联合国教科文组织．人类口头和非物质遗产代表作申报指南．北京：文化艺术出版社，2005：1.

② 张立文．和合学概论．北京：首都师范大学出版社，1996.

格局，积极参与国际文化事务的管理和国际文化规则的制定，使发展中国家在国际文化事务中拥有更多的发言权和决策权，扩大自己的影响，在世界文化舞台上发出自己的声音，以推进公正、合理的国际文化和谐秩序的构建。只有每一个民族的文化特征得到充分发展和展示，整个世界才会更加丰富多彩，才会形成相互影响、相互映衬的世界文化的和谐局面。

首先，要以健康的文化心态，认同和尊重不同文化存在的合理性与合法性。不应以二元对立思维去看待文化，也不应以多元心态解构一切价值。文化是一个民族共有的精神家园，文化的民族性构筑了世界文化的多样性。每一种文化传统都是民族传统。认同、尊重不同文化，既是对其他民族文化的存在权、文化个性表达权和文化发展道路选择权的充分理解与尊重，也是对其他民族国家文化特色的包容与欣赏。如费孝通所言，“各美其美”，“美人之美”。人类文化多样性的存在是人类社会的福祉，也是人类生生不息的源泉所在。从对抗到对话，从冲突到融合，从求同到存异乃至尊异，是当今世界文化的发展趋势。在全球化时代，不同文明间是固守文明冲突论，还是尊重不同民族、不同国家、不同文化的差异性，以“和而不同”的差异思维消解冷战对立思维，以“和谐”“对话”取代“冲突”“斗争”，这不仅是文化选择问题，而且关系人类未来的命运。我们尊重其他国家的制度选择，构建国际和谐社会，就要在开放的文化语境、多元的文化交流中，通过不同文明的对话，在充分尊重不同民族、不同宗教和不同文明的多样性的基础上，本着尊重差异、理解个性以及和谐相处的精神，进一步摒除偏见，扩大共识，互补合作，使世界文化朝着健康的方向发展。

其次，超越民族国家视野，确立全球性文化意识。全球化时代主要表现为经济全球化、科技全球化、信息全球化，而社会制度与意识形态的差异仍然存在。要实现不同民族和国家之间的互利共赢，构建国际和谐社会，实现和平与发展的共同愿望，就必须超越民族国家的视野，超越不同社会制度与意识形态的局限，确立一种全球性的文化意识。如果片面强调国家利益的排他性、社会制度的差异性与意识形态的对抗性，那么不仅有悖于人类文明发展的潮流，而且对一个民族自身的发展有害无益。超越对抗型思维，建立合作型政治，在竞争比较中取长补短，在求同存异中共同发展，既是维护国家自身利益的需要，也是各国互利共赢的明智选择。①

每个民族的文化都有自己的特色，都有存在的意义，任何民族都不应贬低其他民族，妨碍甚至阻止其他民族的发展，而应该相互尊重，和平、和善相处，共同前进和发展。

文化多样性要求既充分承认不同文化之间的差异性，尊重多种文化的历史传统、文化精神、价值取向和现实形貌，又宽容不同，与异质文化容纳共处，形成一种和而不同的良性关系，共存共进。

（三）中华文化的独特价值及其对世界的贡献

中华文化是世界上几大原生文化之一。它在独立起源和演变、文明发达的程度、对周边文化的影响等方面，都具有典型意义。中华文化的发展水平在相当久远的历史时期领先于东亚其他国家的文化发展水平，产生了巨大的文化辐射力。中华文化不仅在内部各族文化的相互融汇、相互渗透中得到发展，而且在与外部世界的接触中，先后包容了中亚游牧文化、波斯文化、印度佛教文化、阿拉伯文化、欧洲文化等，或以外来文化作补充，或消化、吸收异域文化，使整个文化系统保持旺盛的生命力。

中华文化世代相传、绵延承续，以其独特性和连续性，丰富了世界文明的内涵。中华文化不仅惠及东亚邻近国家，而且对世界其他民族的文化有深远影响。中华文化为西方的近代文明提供了物质基础和精神前提。马克思说：“**火药、指南针、印刷术**——这是预告资产阶级社会到来的三大发明。火药把骑士阶层炸得粉碎，指南针打开了世界市场并建立了殖民地，而印刷术则变成新教的工具，总的来说变成科学复兴的手段，变成对精神发展创造必要前提的最强大的杠杆。”②

① 钟淑洁．文明对话与世界文化的和谐发展．人民日报，2005-12-22.

② 马克思，恩格斯．马克思恩格斯全集：第47卷．北京：人民出版社，1979：427.

在思想意识层面，中国的伦理哲学、政治理想特别是儒家思想对欧洲的启蒙主义运动产生了巨大的影响。德国哲学家莱布尼兹曾坦言：“我们在中华民族中发现了优美的道德，即在道德上，中华民族呈现着异样的优越……”

中华民族具有博大的包容性。各兄弟民族和睦相处、相互融合，创造了辉煌灿烂的文明。共同的语言、行为方式、心理习惯、文化意识，对一个民族凝聚力的形成具有重要的意义。任何民族都应自立自强而不应自大或自卑。在全球化过程中，保持民族传统弥足珍贵。华夏文化从周边文化中吸取营养。“用夏变夷”和“用夷变夏”的双向交融，最终促成了中华文化吸纳吞吐、兼收并蓄的博大风范。

中华文化在世界文化体系中具有独特的价值。向其他民族和国家展示本民族的成就和风采，使其他民族了解、认可、向往本民族的价值观念、文化传统的社会理想，是确立一个民族和国家的地位、改善国际形象、提高国际威望的有效途径。

汤一介在《中国文化对 21 世纪人类社会可有之贡献》一文中做了阐述：

（1）得道多助——21 世纪的政治格局。

在世界政治的运作中，是否合乎道义正在成为处理国家与国家、民族与民族之间关系的准则，“得道多助，失道寡助”将成为 21 世纪支配世界政治格局的重要观念。“天时不如地利，地利不如人和……得道者多助，失道者寡助。”（《孟子·公孙丑下》）在当今世界，合乎道义就要合乎国家与国家平等的原则，国家无论大小、贫富、强弱都应在平等的原则下参与国际事务，这有利于维护和平共处，避免战争，对 21 世纪人类社会的发展至关重要。

（2）兼爱互利——21 世纪经济发展的趋向。

墨子提出：“兼相爱，交相利。”“夫爱人者，人必从而爱之……害人者，人必从而害之。”（《墨子·兼爱中》）其所讨论的虽是人与人之间的关系，但实际上也包含着民族与民族、国家与国家之间的关系。世界经济的“共同发展”必须建立在“交相利”的基础上。如果没有“兼相爱”作为条件，也不可能做到互利。爱自己，同时应对他人有爱心，这样才可能都得益。任何民族和国家在考虑自身经济利益的同时，应考虑到其他民族和国家的经济利益，建立一种互利的经济关系。如果互相争夺和残害，不仅弱者、弱国受到严重损害，强者、强国也很难得益。

（3）崇尚自然——21 世纪的环境保护模式。

老子提出了“人法地，地法天，天法道，道法自然”的理论，认为作为宇宙规律的“道”，其特性是“自然无为”，人不应该破坏自然。庄子提出了“太和万物”的命题，认为人类应顺应天道的规律，按照五德来规范自己的行为，以适应自然的要求。荀子主张对自然应去利用它、征服它，“制天命而用之”。老子和庄子过分强调对自然的适应，而不注重对自然界的合理开发和利用。但是，在自然界遭到严重破坏的情况下，在自然资源被过量开发的情况下，在环境污染严重地威胁着人类社会生活的情况下，道家“崇尚自然”的思想无疑对 21 世纪人类社会有重要的意义。

（4）和而不同——21 世纪处理不同文化关系的准则。

如何使不同文化传统的民族、国家和地域在差别中得到共同发展，并相互吸收，以便造成在全球意识下文化多元化发展的新形势？中国的和而不同原则可以提供有积极意义的资源。孔子说：“君子和而不同，小人同而不和。”（《论语·子路》）有史伯回答桓公说：“夫和实生物，同则不继。”（《国语·郑语》）这句话的意思是，要承认“不同”，在“不同”基础上形成“和”（“和谐”或“融合”），才能使事物得到发展。如果一味追求“同”，不仅不能使事物得到发展，反而会使事物衰败。把和而不同作为处理不同文化传统之间关系的一条原则，通过不同文化的交往和对话，在讨论中取得某种共识，这是由“不同”到某种意义上的相互“认同”的过程。这不是一方消灭另一方，也不是一方同化另一方，而是在不同文化中寻找交汇点，并在此基础上推动双方文化的发展，这正是“和”的作用。

各个民族文化中都会有一些对当今社会健康合理发展有价值的思想观念。如“己所不欲，勿施于人”，作为道德伦理原则无疑也是非常重要的。我们可以从各个方面发掘出对当今社会生活的不同领域有意义的思想观念。但是，对古人的思想观念必须进行新的诠释，使之适应现代社会生活并能落实于操作层面，这样它们才能对现代社会生活产生实际效用。对于这些作为人类精神财富的思想观念，我们要很好地加以利用，使之促进人类社会生活健康合理发展。

在现代以及未来，中华文化中的一些精神财富，如人文理想、和谐精神、民本理念等，将对世界文化的发展发挥更大的作用。

第一，建设优秀传统文化传承体系。优秀传统文化凝聚着中华民族自强不息的精神追求和历久弥新的精神财富，是发展社会主义先进文化的深厚基础，是建设中华民族共有精神家园的重要支撑。要全面认识祖国传统文化，取其精华、去其糟粕，古为今用、推陈出新，坚持保护利用、普及弘扬并重，加强对优秀传统文化思想价值的挖掘和阐发，维护民族文化基本元素，使优秀传统文化成为新时代鼓舞人民前进的精神力量；加强文化典籍整理和出版工作，推进文化典籍资源数字化；加强国家重大文化和自然遗产地、重点文物保护单位及历史文化名城、名镇、名村保护建设，抓好非物质文化遗产保护传承；深入挖掘民族传统节日文化内涵，广泛开展优秀传统文化教育普及活动；发挥国民教育在文化传承创新中的基础性作用，增加优秀传统文化课程内容，加强优秀传统文化教学研究基地建设；大力推广和规范使用国家通用语言文字，科学保护各民族语言文字；繁荣发展少数民族文化事业，开展少数民族特色文化保护工作，加强少数民族语言文字党报党刊、广播影视节目、出版物等译制、播出、出版；加强同香港、澳门地区的文化交流合作，加强同台湾地区的各种形式文化交流，共同弘扬中华优秀传统文化。

第二，推动中华文化走向世界。开展多渠道、多形式、多层次对外文化交流，广泛参与世界文明对话，促进文化相互借鉴，增强中华文化在世界上的感召力和影响力，共同维护文化多样性。创新对外宣传方式方法，增强国际话语权，妥善回应外部关切，增进国际社会对我国基本国情、价值观念、发展道路、内外政策的了解和认识，展现我国文明、民主、开放、进步的形象。

三、文化遗产的保护

文化是一个民族和国家的瑰宝。只有文化发达，一个民族才有地位，一个国家才能强大。一国如果在文化上依附于其他民族和国家，势必丧失独立性，而处于弱势地位。文化的优秀，能使一个民族和国家增强凝聚力、提高吸引力，创造更加辉煌的成就。保护民族文化遗产，需要全民族的共同努力。

（一）民族文化遗产

一个民族区别于其他民族最明显的方面就是文化特征。每个民族都有自己民族的文化遗产。文化遗产大致可分为有形文化遗产和无形文化遗产。

有形文化遗产是指那些看得见、摸得着，具有具体形态的文化遗产。有形文化遗产又可分为小型可移动文化遗产及大型不可移动文化遗产两类。小到泥塑、雕刻、剪纸等民间工艺品，大到民居住宅、寺庙、村落、古镇甚至历史文化名城，都可以纳入有形文化遗产范畴。

无形文化遗产又可称为非物质文化遗产，包括：各种形式的口头表述，表演艺术，社会风俗、礼仪、节庆，有关自然界的知识和实践。无形文化遗产主要是指那些依附于个人或某一社会群体存在的、大体上是以口耳相传的形式进行的一种非物质形态遗产，既包括各种类型的民族传统、民间知识、各种语言、口头文学、风俗习惯，也包括礼仪、手工艺、传统医学、建筑术、民间音乐、民间舞蹈以及其他艺术。联合国教科文组织指出："对于许多民族，非物质文化遗产是本民族基本的识别标志，是维系社区生存的生命线，是民族发展的源泉。"

人类对自身的文化遗产，从任其自生自灭或小范围自发保护，发展到全球性协作保护，再从对有形文化遗产的保护扩展到对无形文化遗产的保护，反映出人类对自身遗产价值的认识不断深化，表现出观念的转变。人们已逐渐改变了那种“以一种文明取代另一种文明”的简单的、线性的价值取向，代之以对处于各种不同时空状态下的不同民族、不同文化的广泛理解、认同与尊重，这也包含着对自己所创文明的尊重。①

非物质文化遗产作为一个文化范畴，源于联合国教科文组织2003年制定的《保护非物质文化遗产公约》，其中的定义是：“非物质文化遗产指被各群体、团体，有时被个人视为其文化遗产的各种实践、表演、表现形式、知识和技能及其有关的工具、实物、工艺品和文化场所。各个群体和团体随着其所处环境、与自然界的相互关系和历史条件的变化不断使这种代代相传的非物质文化遗产得到创新，同时使他们自己具有一种认同感和历史感，从而促进了文化多样性和人类创造力的发展。”《保护非物质文化遗产公约》对非物质文化遗产的内容做了说明，具体包括五个方面：（1）口头传说和表述，包括作为非物质文化遗产媒介的语言；（2）表演艺术；（3）社会风俗、礼仪、节庆；（4）有关自然界和宇宙的知识和实践；（5）传统的手工艺技能。

一般说来，非物质文化遗产具有活态性、民间性、生活性及生态性等特征。活态性是指非物质文化遗产的存在必须依靠传承主体的实际参与，体现为特定时空下一种立体复合的能动运动；民间性是指非物质文化遗产是一种民间自主的行为，只有“民间”的主人——广大民众才是其创造（传承）主体和生命的内驱力；生活性是指非物质文化遗产承载着民众生活制度和行为规范的内涵，与民众有着深深的情感纽带；生态性是指非物质文化遗产以一定民族、社区的民众为主体，集自然与人文、现实与历史、经济与文化、传统与现代于一体，形成自足互动的生态系统。② 也就是说，非物质文化遗产隐藏于民间大众的日常生活之中，是实践活动的公共性产物。

非物质文化遗产的提出有着深刻的历史文化背景。2003年10月17日通过的《保护非物质文化遗产公约》明确指出：“意识到保护人类非物质文化遗产是普遍的意愿和共同关心的事项，承认各群体，尤其是土

① 苑利．文化遗产保护方法研究．韩国高等教育财团国际交流学者研究报告，2004：2.

② 贺学君．关于非物质文化遗产保护的理论思考．江西社会科学，2005（2）.

著群体，各团体，有时是个人在非物质文化遗产的创作、保护、保养和创新方面发挥着重要作用，从而为丰富文化多样性和人类的创造性作出贡献……认为非物质文化遗产是密切人与人之间的关系以及他们之间进行交流和了解的要素，它的作用是不可估量的。”可见，非物质文化遗产的提出，是国际知识界的良知和国际进步力量结合的产物。在全球化的浪潮中，他们认识到文化多样性是人类创造力持续发展的必要条件，为对抗现代社会对人类整体价值和长远利益的威胁提出保护世界文化多样性的理论。因此，在具体工作中，为了扩大非物质文化遗产的影响，提高对其重要意义的认识和从尊重文化多样性的角度促进对话，应根据有关缔约国的提名编辑、更新和公布人类非物质文化遗产代表作名录。应保护非物质文化遗产，促进人类文化的创造力。正如《联合国教科文组织发展纲领》所说：“记忆对创造力来说是极端重要的，对个人和各民族都极为重要。各民族在他们的遗产中发现了自然和文化的遗产，有形和无形的遗产，这是找到他们自身和灵感源泉的钥匙。”这是非物质文化遗产重新作为一种公共文化的根本意义所在。

非物质文化遗产旨在形成一种具有公共性的文化，它的公共性不仅体现在特定群体、团体内部的共享属性以及由此所产生的认同感和历史感上，而且反映在人类的创造力和自由维度这一层面，集中表现为它对于人的“第二自然”、自由维度以及共同体认同感和历史感的重要性，体现为人作为“类”在现代社会中可持续发展的不可缺少的条件。

在中国，非物质文化是在游牧文明、渔猎文明和原始农耕文明中养育起来的，它与群众的生产生活实践密切相关，深深扎根于中国各民族人民群众之中，传统社会的公共文化就是普通人日常生活的共同内容。可是近代以来中国的公共文化与传统的日常生活出现了分化，不仅在价值和内容方面出现了分化——文明与野蛮、科学与愚昧的对立，而且在对象领域出现了分化——普通民众与社会精英的分化。由近年来的非物质文化遗产的保护工作可知，国家的“社会命名”在非物质文化遗产成为公共文化过程中能够起到点石成金的作用。社会命名就是国家力量以一种形式或程序向社会公布一个名称，让这个名称被纳入特定的范畴为公众所知，实质上是让一个事物在社会上定位。任何名称都为一定范围的人所知，也都可能不断地让更大范围的人所知，在这种情况下，一些名称广泛地为公众所知晓，是偶然的、渐渐累积的。但是，社会命名的仪式活动发生在一个很短的时期。[①] 因此，社会命名为非物质文化遗产提供了一种权能，使之具有了成为一种蕴含于日常生活之中的公共文化的可能性。

以我国的庙会文化为例。庙会是我国传统社会最基本的物质文化景观，它以祠庙为依托，在特定时间内举行神祇崇拜、商品交换、社会交往、娱乐热闹、会亲看友等活动的集会，为民众提供了一个享受休闲、调剂生活的独特文化空间。近代以来，曾经把传统庙会文化作为“迷信”“糟粕”“愚昧”加以批判，“非法”的祠庙大多数被毁灭，庙会文化与日常生活逐渐脱离。在保护非物质文化遗产的浪潮中，许多地方的庙会文化被人们重新挖掘了出来，并被视为文化遗产加以保护。然而，当庙会失去了原先在日常生活中的功能（祭祀、娱乐及贸易等）的时候，重新建筑的祠庙以及相关的文化表演则异化为一种物质主义、经济主义及消费主义的现象。

从国家的层面出发，国家在场对于公共文化的形成发挥了作用并不意味着非物质文化遗产通过社会命名的仪式活动就一定能够形成文化的共同体，也不意味着通过非物质文化遗产保护工程我们就可以一劳永逸地解决精神家园问题，这其中还存在两大困境：其一，公共文化的本质就是日常生活的主要内容，而日常生活作为“现实的人在其中生存、交往、创造价值和意义的世界”，本身就具有复制性和守旧性，特别是当公共文化与日常生活分离以后，虽然国家在场对非物质文化遗产形成一种公共文化发挥了积极作用，但国家在场并不意味着作为公共文化的非物质文化遗产与日常生活已经融为一体，而且这种包办性的政府行为有可能造成非物质文化遗产与日常生活的进一步分离，从而也就造成了国家与社会、精英与大众、共同体和个体之间的分化和对立。其二，近代

① 高丙中. 作为公共文化的非物质文化遗产. 文艺研究，2008 (2).

以来，西方用强大的科技工具瓦解了中国的非日常生活结构，随之而来的主流文化对传统日常生活的批判，使我国的日常生活世界为工具性思维所充斥。当今中国日常生活的文化价值出现了碎片化及物化。从传统日常生活的公共文化成为一种文化遗产，再经过国家力量形成另外一种公共文化，文化的主体间性缺席，于是非物质文化遗产的本真性及由此而产生的认同感、历史感、创造力就很难得到真正的体现。

非物质文化遗产保护的核心理念恰恰是建立普通人是文化的创造者至少是承担者的思想，让日常生活被认知为文化宝库，让普通人因而具有文化自信并发挥文化创造的主动性的丰厚基础。非物质文化遗产作为传统日常生活的历史见证，提供了重塑日常生活的丰富资源。日常生活的本真性是以正常的、连续的实践活动为基础的，非物质文化遗产正是这种实践活动被中断以后人类抽身凝视自己的一种认识。传统公共文化作为非物质文化遗产的原初性领域以及两者之间的共同之“势用”，充分肯定了它们对于个人自由维度和社会的有序化具有建设性的积极意义。①

文化遗产具有重要的历史价值、文化价值和精神价值。文化遗产反映了一个民族和国家对自身特性的认同和自豪感以及被世界认可的程度，是维系民族文化归属的纽带。

我国的文化遗产体现着中华民族的生命力和创造力，是各民族智慧的结晶，是维护我国文化身份和文化主权的基本依据，也是全人类文明的瑰宝。

(二) 保护文化遗产的举措

1. 提高物质文化遗产保护水平

健全文物普查、登记、建档、认定制度，开展可移动文物普查，编制国家珍贵文物名录。加强世界文化遗产、大遗址和文物保护单位的保护维修、巡察养护及管理机构建设，开展工业遗产，元代以前木构建

① 袁年兴. 文化的人本寓意与非物质文化遗产的本真性. 中国人民大学学报，2011 (2).

筑、乡土建筑、文化线路、文化景观等文化遗产的调查与保护，加强基本建设中的考古和文物保护，加大馆藏文物、水下文物的保护力度，提升科技创新能力。加强中华文明起源研究和成果宣传，在考古研究中积极应用高新技术。加强历史文化名城、名镇、名村保护建设，编制保护规划，完善基础设施，改善群众的居住条件和居住环境。加强文物市场法规体系建设，建立文物鉴定准入和资格管理制度，引导规范民间收藏。强化文物安全防范设施，提高文物安全防范能力。

2. 加强非物质文化遗产保护传承

健全非物质文化遗产普查、建档制度和代表性传承人认定制度，编制非物质文化遗产分布图集，完善非物质文化遗产名录保护体系，制定非物质文化遗产项目分类保护标准和规划。对濒危项目和年老体弱的代表性传承人实施抢救性保护，对具有一定市场前景的非物质文化遗产项目实施生产性保护，对非物质文化遗产集聚区实施整体性保护。加大西部地区和少数民族非物质文化遗产保护力度。统筹国家级文化生态保护区建设。建设非物质文化遗产保护利用设施，不断提高非物质文化遗产保护的科学化水平。

3. 拓展文化遗产传承利用途径

正确处理保护与利用、传承与发展的关系，促进文化遗产资源在与产业和市场的结合中实现传承和可持续发展。积极发展依托文化遗产的旅游及相关产业，发展特色文化服务，打造特色民族文化活动品牌。推动文化遗产信息资源、数字资源开发利用，提升中华文明展示水平和传播能力。鼓励对工业遗产、文化景观、考古遗址公园进行综合开发利用。加强文化遗产保护宣传，深入实施国家通用语言文字法，大力推广和规范使用国家通用语言文字，依法保护各民族语言文字，推动文化遗产教育与国民教育紧密结合。深入挖掘民族传统节日的文化内涵，广泛开展优秀传统文化教育普及活动，传承中华民族优秀传统文化。

第八章　文化冲突与文化安全

文化体系内部的矛盾、冲突，以及不同形态的文化发生碰撞、冲突，会引起文化的变迁和发展。在全球化时代，信息传播速度加快，各种文化相互交流和碰撞，产生剧烈的冲突，给人们的社会心理以及社会生活带来极大的冲击。在世界范围内，信息传播和文化传播极不平衡，存在“文化帝国主义”或“媒介帝国主义”“信息帝国主义”的扩张，文化安全成为突出的问题。文化全球化既给我们带来挑战，也使我们面临很多机遇，必须认真应对。

一、文化冲突与变迁

文化发展、变迁的根本动因在于内部呈现出的矛盾、冲突。当发生严重的文化冲突时，文化创新和文化变迁就迫在眉睫。不同形态的文化发生碰撞、冲突，会引起文化的变迁。

社会（或民族）文化是一个社会（或民族）文化共同体一整套共有的理念、价值观和行为准则，它是使社会纷繁复杂的各个阶层、各种团体行为能为社会群体、社会整体所接受的共同标准。它包括对民族亚群文化、性别亚群文化、年龄亚群文化、职业亚群文化、社区亚群文化、阶层甚至阶级亚群文化以及政治、军事、体育、卫生等亚群文化的认可。

文化整合是分层次进行的。它主要有以下几个层次：(1) 对某一种内生的（主要指组织内部新产生的）或外部输入的（外生的，包括文化的国际示范传递造成的）文化特质的同化、吸纳。(2) 一种文化风格趋于成熟、臻于完善后，开始超越社会、制度、民族、文化背景进行传播和扩散。(3) 人群共同体对自身内部创造的或外部引进的文化特质进行重组、重造，从而形成局部新型或新质文化。(4) 从局部或整体上重建、重塑文化，进行较彻底的吐故纳新，进行多角度的整治和新的融合。(5) 随着剧烈的文化冲突、文化危机的发生，文化革命引致更加彻底的文化整合。这是一种在全新的背景下，在创新的起点和格局上进行的文化整合。(6) 文化一体化倾向使得它总是趋于完整的、全面的整合，意即不仅追求各层次的、局部的综合化、一体化，而且追求总体文化的和谐与一致。一系列其他配套的文化组成部分相互渗透、互相支持，每一个方面都紧密地结合成为一种基本的精神或文化。

文化整合在根本上遵循着社会进化选择原则进行，整合的总趋势是积极的、进步的。但并非任何时期、任何层次、任何一次文化整合都是具有进步意义的。

合意的或理想的文化整合是指：不论文化特质如何、效能怎样，整合的结果是不但产生了新质文化，而且使整合过的文化的整体水平跃迁到一个新的高度。意即最理想的文化整合并非是已有的或新生的文化特质的一般协调和统一，不是它们的简单系统化，而是旨在创造文化朝最优效能、最佳结构方向趋近的系统化。

“文化融合的最终结果，并不是形成一种取代所有现存文化形态的全新文化形态，而是形成了一种可以包容原来若干文化形式的主要特征的东西。这种文化形态不可能完全取代原来的不同文化形态。恰恰相反，这种新的文化形态，使得文化的表现方式比以前更加丰富多样。”①

---

① 李晓东．全球化与文化整合．长沙：湖南人民出版社，2003：62.

任何新文化的形成，都不是所谓伟大人物随心所欲的作品，而是人们对生存环境的挑战进行积极应战的结果。新的文化表现为新的价值观念、新的行为准则等，如果要使它们被人们认同，变成人们的实际行动，仅靠理论上的灌输和表面上的思想交流是不够的。必须树立体现新价值观念、新行为准则的有形象征，以利于新文化的确立。同时在日常管理中，提供从一种文化向另一种文化转变的训练机会。

二、文化安全

信息传播的全球化，使文化交流更为便捷，也使其冲突更为剧烈，文化安全成为一个突出的问题。

文化安全主要是就当前国际关系中文化霸权损害其他国家尤其是发展中国家文化主权而提出的应对性概念。文化安全是国家安全的主要组成部分，具有不可忽视的作用。文化安全不仅涉及社会的稳定和发展，而且影响一个民族的历史地位和命运，对国家和民族的生存安全具有至关重要的意义。

文化安全是指一个主权国家的文化价值体系免遭内部或外部文化因素的侵蚀、破坏或颠覆，保持自身的文化价值传统，吸纳和借鉴一切有益的文化成果并不断发展的状态。①

文化生存是民族生存的前提和条件。民族文化遭遇威胁和侵略，必然要给民族和国家带来深刻的文化危机和民族危机，这就是国家文化安全的问题。文化已成为国家利益构成中的一个重要组成部分，文化综合国力成为国家间利益均衡的一个重要参数和力量，因而，对文化以及对整个文化产业、文化市场的开发、控制、垄断和利用，文化渗透和反渗透、入侵和反入侵，成为全球化背景下国家间利益争夺的重要内容。

新的信息环境对传统文化有很大的冲击，而文化传统因素对形成信

---

① 陈华文. 文化学概论新编. 北京：首都经济贸易大学出版社，2009：350-351.

息环境也有一定的作用。全球性信息传播系统的发展，改变了传统的国际传播的形式和内容。国际传播媒介以前主要执行对外宣传功能，现在则承担了文化输出和文化传播的任务。文化传播内容的丰富和形式的多样，一方面为不同文化的沟通和理解架设桥梁，另一方面伴随着文化冲突和摩擦的加剧，突出的是“文化帝国主义”的问题。

“文化帝国主义”是在20世纪60年代反对“新帝国主义”的国际环境下出现的。如果说传统帝国主义属于军事帝国主义，那么“新帝国主义”则是经济帝国主义和文化帝国主义。

T. O. 苏利文指出：“文化帝国主义指的是来自发达国家、包含着与支配者利益相关的文化价值或观点的商品、时尚或生活方式等流向发展中国家市场，创造出某些特定的需求或消费形态，而发展中国家的民族文化在不同程度上受到外国（主要是西方）文化的侵害、取代或挑战，受支配程度越来越高的状况。”① H. I. 席勒认为，文化帝国主义是“在某个社会步入现代世界系统过程中，在外部压力的作用下被迫接受该世界系统中的核心势力的价值，并使社会制度与这个世界系统相适应的过程”②。英国的约翰·汤林森将文化帝国主义界定为：“运用政治与经济权力，宣扬并普及外来文化的种种价值与习惯，牺牲的却是本土文化。”③ 他把文化帝国主义分为四个层次或途径，即媒介帝国主义、民族国家的话语、批判全球资本主义的话语以及对现代性的批判。但他对文化帝国主义话语的分析中，流露出对文化霸权、文化殖民主义的辩护，以消解文化帝国主义话语谈论的方式来维护文化帝国主义的理论及行为。

文化帝国主义表现出三个突出的特点：第一，它以强大的经济、资本实力为后盾，通过市场进行扩张；第二，它是一种文化价值的扩张，通过含有文化价值的产品或商品的销售实现全球性文化支配；第三，这

① SULLIVAN T O. Key concepts in communication. New York：Methuen & Co. 1985.

② SCHILLER H I. Communication and cultural domination. New York：White Plains, 1976.

③ 汤林森. 文化帝国主义. 上海：上海人民出版社，1999.

种文化扩张主要通过信息产品的传播得到实现，其背后有复杂的经济、政治和意识形态的利益关系。人们感受最深的是一个民族的固有的本土文化遭受到外来文化的侵袭和侵略。

文化帝国主义的文化渗透有多种方式，主要表现为：在理论层次上推行以“西方中心主义”为基础的人文、哲学、社会科学理论，宣扬西方社会制度和价值观；在大众文化层次上通过各种文化媒体传播它们的文化，如通过电视、互联网络、书籍、刊物、广告，使广大民众耳濡目染；在文化性的物质产品以及人们的衣食住行等日用品方面大做文章，使人们的环境和生活方式西方化。

在全球化过程中，文化的交流及其影响无疑是一个不可忽视的因素，并突出地表现在信息传播方面。信息需要通过媒介传播，媒介本身既是文化的产物，也是文化的一部分。一方面，传媒反映和传承文化；另一方面，传媒影响和塑造文化。这是一个相互循环、相互作用的过程。J. 凯利认为，传播的最高表现并不在于信息在自然空间内的传递，而是通过符号的处理和创造，参与传播的人们构筑和维持有序的、有意义的、成为人的活动的制约和空间的文化世界。信息传播系统与一定的文化传统、人们的文化心理结构互相影响。

在通讯社、报纸、广播、电视、互联网等载体中，西方的势力无孔不入。据估计，西方四大通讯社（美联社、合众国际社、路透社、法新社）控制了除社会主义国家以外的 3/4 以上的国际新闻发布与流通，而世界上还有约 1/3 的国家（多是发展中国家）还没有新闻通讯社。各大国纷纷开办“环球广播”，或“全球广播”“全世界广播”。目前，全球上空有几百套卫星电视节目进行传送和辐射，其中绝大部分被少数发达国家控制和掌握。各国互联网的发展，呈现一种极不平衡的状态。网络发端于美国，1969 年美国建立了 ARPA 网（互联网前身），美国乃至西方发达国家在网络方面占据了绝对优势。

信息大国利用高速信息网进行文化侵略和政治渗透的可能性与破坏性日益加大。著名未来学家托夫勒说：“谁掌握了信息，控制了网络，谁就将拥有整个世界。”1998 年 12 月，美国推出《新世纪国家安全战略》，公开声称美国的目标是“领导整个世界”，绝不允许向它的“领导地位”提出挑战的国家或集团出现，21 世纪将是“美国世纪”。在对外战略上，美国力图充分利用互联网，它将其创制的网络标准推广为全球标准，通过互联网全方位、全时空、全天候地推销自己的价值标准、意识形态、外交政策、商业理念和社会文化。

目前，世界正在向着信息化迈进，无论是发达国家还是发展中国家，都在加速构建各类信息基础设施，成效显著。但是，各国信息化发展很不平衡，发达国家和发展中国家的差距进一步拉大，出现新一代的“信息富国”和“信息穷国”。其表现形式是在美国、欧洲和日本、发展中国家之间存在一个不平衡的“三角形”：美国向欧洲和日本以及发展中国家输出商品形式的信息，却输入原料形式的信息；发展中国家只是向美国、欧洲和日本输出原料形式的信息，而要购买商品形式的信息。在美国、欧洲和日本之间存在类似的不平衡，美国的信息资源远远超过了欧洲和日本。而且，全球信息传播中存在“马太效应”，即信息越多的国家得到的信息越多，信息越少的国家得到的信息越少。

由于信息传播在地域上极不平衡，信息强国对于信息弱国已经形成了战略上的“信息位势差”，居于信息低位势的国家在政治、经济、军事、文化等方面正面临着前所未有的挑战。发达国家在传播媒介上的垄断地位，给发展中国家的国家主权、经济利益和文化生活都带来了极为严重的侵害，这就是“媒介帝国主义”或“信息帝国主义”。

发达国家（主要位于北半球）和发展中国家（主要位于南半球）的经济差距是明显的，而这与南北科技差距、知识差距、信息差距的扩大是互为因果的。正在扩大的南北经济差距，又削弱了发展中国家开发利用信息资源的能力，进一步加大了南北信息差距，由此陷入恶性循环。南北信息差距主要表现在：（1）在信息生产方面，包括信息资源开发和信息产品生产，发展中国家与发达国家存在较大的差距。世界科研活动的 80%以上掌握在几个发达国家的手中。（2）在信息加工处理方面，发达国家在信息技术开发与应用上占有绝对优势，规则也是由它们制定的，发展中国家的大量信息处理业务不得不依赖发达国家。全球最大的信息技术设备制造商几乎都集中在美国、日本和西欧。(3) 在信息传播方面，全球信息资源的分布与流通都极不平衡。全球图书出版、报纸发行、广播电视、数据库等都相差悬殊。这种信息位势差对全球特别是发展中国家的冲击、挑战和威胁是显而易见的。

尼葛洛庞帝在《数字化生存》一书中提出了“信息霸权”的概念，指出：现在互联网上绝大部分信息的提供者是欧美国家，而且其网络系统从硬件到软件再到各种标准，都是由发达国家来制造和制定的。无形之中，落后的、不发达的国家就受到了种种的控制。这种控制不仅在技术上，也在文化上表现出来。处于弱势的民族和国家，必须控制自己的信息资源。

按照文化帝国主义的主观战略，“如果世界趋向一种共同的语言，它应该是英语；如果世界趋向共同的电信、安全和质量标准，那么它们应该是美国的标准；如果世界正在由电视、广播和音乐联系在一起，节目应该是美国的；如果共同的价值观正在形成，它们应该是符合美国人意愿的价值观”①。目前发达国家在全球文化交流中明显处于受益者的地位，它们的文化、精神、价值观等得到扩张，而发展中国家的文化“赤字”却不断增多。更何况，强势文化有时还借助铁蹄，以最不文明的方式粗暴地推广所谓的文明，“用压路机压平一切民族差异，使一切都归于统一标准和归为一类”②。于是，文化这块圣地和净土像动物界一样发生着“优胜劣汰”“适者生存”的自然选择，像政治舞台一样发生着“胜者为王，败者为寇”的权力斗争，像经济领域一样发生着以大吃小、赢者通吃的激烈竞争。如果连屠杀平民和虐俘行为都成了推进自由人权事业的一个组成部分，那么文化就变成了人类恶行的帮凶，文化全球化的“敌托邦”③ 将出现。其他文化即使还存在，也已经失去了战斗力和独立性。它们慑于淫威，或投靠，或默认。总之，文化即使还存在不同的形式，也丧失了它固有的特性。

文化安全具有一些特征：第一，相对独立性。相对性是指文化安全

① ROTHKOPF D. In praise of cultural imperialism. Foreign policy，1997 (107).

② 久加诺夫. 全球化与人类命运. 北京：新华出版社，2004：105-106.

③ “敌托邦”(dystopia)，与乌托邦相对，指一个比现实更糟糕的想象世界。

依赖于经济安全、政治安全、军事安全等，独立性是指文化安全专指文化方面的状况。第二，具有较强的稳定性和隐蔽性。文化安全是最牢固、最不易被摧毁的一种安全形态，又是隐藏于国家安全中最深层的那部分。第三，具有民族性。一个国家的文化安全体现为一个民族国家的文化，是主权国家区别于其他国家的基本标志。

发展中国家面临的文化安全问题更加突出。文化安全是以国家和社会意识形态为核心的民族凝聚力的安全。文化安全的核心是维护一国的文化利益。在追求利益的过程中，国家的行动领域从军备、人口和地理等传统层面转向经济、技术、文化和价值观方面。文化是一种软实力，通过精神文化和道德价值等，影响、诱惑、说服别人相信和同意某些行为准则、价值观念和制度安排。

文化安全问题主要来自两个方面：一是现代市场经济的发展与社会转型，致使国内各种思想激荡，文化商品化、市场化的倾向在思想、文化领域渗透和泛滥，这是威胁文化安全的重要因素；二是全球化进程中西方国家推行文化霸权与文化殖民，这加速催生了各种文化和意识形态方面的意外、变化和异己因素，全球化在推动各种文化相互渗透乃至融合的同时，使各种文明之间、民族性与世界性之间、传统性与现代性之间激烈碰撞和冲突。

为了应对文化安全方面的危机，需要确立一个民族的文化自觉，增强民族文化的认同感；把软实力和硬实力结合，增强综合国力；在继承优秀文化传统的基础上推进文化创新，增强民族自信心和凝聚力；加强文化交流，发挥文化的外在效用，通过交流、合作化解文化冲突；在全球文化融合的大趋势下抵御西方腐朽文化的影响，弘扬本民族的优秀文化，提高国家和民族的文化竞争力。

三、文化全球化

全球化实质是以西方发达资本主义国家集团为主导的。全球化在改变着人类物质生活的同时，深刻地改变着人类的精神面貌。作为经济全球化的一个直接后果，文化全球化成为资本掠夺的一种新的形态。面对以美国为代表的西方强势文化利用其资本、技术和市场优势对其他弱势文化的渗透、控制，民族国家文化及其产业如何生存和发展，就成为一个严峻的问题。

（一）文化全球化诸种观点

肯定文化全球化的有两种意见：一种是统一论，另一种是多元论。

统一论把文化全球化看作经济全球化的必然结果，认为经济、政治、科技的发展与互动决定了世界文化变化的方向更加趋同。只承认经济全球化而不提文化全球化，在逻辑上是说不通的。统一论可以根据态度分为乐观论和悲观论。乐观论者认为文化全球化最终将形成一种集各种文化优长之大成的全球先进文化。“把人类文明分为先进的文明跟落后的文明的最主要的评判标准是经济基础，也就是生产力水平。”① 全球文化互动的过程就是先进文化不断促使落后地区的民族文化克服自身的狭隘性、封闭性和个别性而融汇到世界文化主流的过程。“看来似乎只有一种办法可以防止文化的融合，那就是不让它们接触。征服不能做到这一点，除非这种征服就是立即灭绝。”② 全球性的先进文化冲击了一些带有狭隘地方色彩的不合理的陈旧观念和习俗，为个别国家或地区的落后观念注入了现代先进的文明气息。不管是出于主动还是被动，落后文化逐渐地向先进文化靠拢和转变，最后形成一种最优秀的单一文化——文化全球化的乌托邦（utopia）。悲观论者认为，文化全球化终将导致霸权文化一统天下，形成全球文化的“恶之花”，最终把全球文化带入万劫不复的深渊。“‘全球化’作为一个过程，总是强制着我们走入一种文化的‘普遍性’之中，而这一‘普遍性’构想又总是以处于强势地位的发达资本主义国家的文化秩序、价值标准作为基本点。”因此，全球化“通过市场使世界同质化，从而消除民族国家和民族文化”③。

---

① 林毅夫．文明的曙光：论经济发展与中国文化的复兴．解放日报，2004-11-29.

② 威斯勒．人与文化．北京：商务印书馆，2004：42.

③ 缪家福．全球化与民族文化多样性．北京：人民出版社，2005.

文化全球化的多元论认为，全球文化的发展不可能是一元的、一个中心的，必然是多元的、多中心的。文化多元论认为全球文化是混杂文化。汤姆林森曾指出，“全球化文化是杂交（hybrid）文化”，“由全球化进程所带来的文化与文化之间日渐增加的交流暗示了，文化与地方之间联动关系的消解是伴随着一种混合物而产生的，这种混合物就是产生了文化的新型的、复杂的杂交形式的那些植出的文化实践”①。“当代加速的全球化意味着杂交文化的杂交化。”② 杂交作为一种生物现象，是基因的筛选结合，吸收的只是部分元素或片段，不是整体融合。另外一种概括是文化协同，它不是指各种文化之间简单的“混杂拼贴”（pastiche）和嫁接合并，而是从文化之间的差异与矛盾出发，以开放的姿态将不同的文化要素纳为一体，并对这些新的文化要素进行变革和转化，赋予其新的意义和生机。与其说文化全球化是各种文化交叉混杂的大拼盘，不如说它是多元文化协同共荣。费孝通曾论述道，“未来的 21 世纪将是一个个分裂的文化集团联合起来，形成一个文化共同体，一个多元一体的国际社会。而我们现在的文化就处在这种形成的过程中”③，这种形成的过程，就是“文化全球化”。

否定文化全球化的态度也有两种：一种是质的否定论，认为全球化没有改变文化的特性与特色；另一种是量的否定论，认为即使人们共享某些文化特质，也未必意味着他们之间的文化趋同一致。

在质的否定论者看来，全球化势必会加强各地区文化的联系，对文化的交流有一定的影响，但是不可能消除各地区文化的特色，更不会导致全球文化同质化。这类观点源于对文化全球化等同于同一化的理解，并没有否定全球化对文化的影响以及世界文化在全球化背景下交流加强的现状。其核心是坚持全球文化互动的增强并不意味着文化分野的弥合或文化主体的消失，“实际上不同文化之间也从来就是交流不断的，但交流互补并不是也不可能让原本不同的文化‘化’为一体。在我吸收了

---

① 汤姆林森．全球化与文化．南京：南京大学出版社，2002：205-206.

② 同①210.

③ 费孝通．从反思到文化自觉和交流．读书，1998（11）.

你的文化成分，你吸收了我的文化成分之后，我的主体则仍然是我，你的主体则仍然是你，并不会因此我就变成你，你变成我，实现所谓的‘一体化’”①。

量的否定论者认为，通过一体化同构使文化同类合并的可能性不大，全球化时代通过武力征服使文化异类被吞并的可能性更小，因此文化不会出现量的减少。甚至在某种程度上，文化之间的差异还有可能呈现扩大的趋势。他们提出：全球化加速发展的现在与过去相比，伊斯兰文化与基督教文化是更融合了还是更隔离了？全球化增强了人们的本土意识和文化自觉，民族情结和本土意识被大大强化，如一些国家非常重视使民族文化、本土文化发扬光大（如韩国的身土不二观念、日本对民族传统的维护），有的强调对传统文化的重新认知（如中国在海外建立孔子学院，宣传儒家文化），有的试图通过人为政策强化对异质文化的防范（如法国对法语地位和法国电影的捍卫）。量的否定论认为文化不会随着经济全球化而进入全球一体化的阶段。

文化全球化的观点可归纳为表 8-1：

表 8-1　　关于文化全球化的不同观点

<table>
<tr><td rowspan="4">文化全球化的肯定论</td><td rowspan="2">统一论</td><td>优化论（乌托邦）</td><td>文化全球化最终会形成最美好、最先进的统一文化，它代表了全球最高生产力</td></tr>
<tr><td>恶化论（敌托邦）</td><td>文化全球化是一个恶文化驱逐良文化的过程，最终导致恶文化独霸天下</td></tr>
<tr><td rowspan="2">多元论</td><td>混杂论</td><td>多种文化拼贴粘连，混杂不一</td></tr>
<tr><td>协同论</td><td>文化要素深层融会贯通，浑然一体</td></tr>
<tr><td rowspan="2">文化全球化的否定论</td><td colspan="2">质的否定论</td><td>全球化加强了文化互动，但交流自古就有，文化的特质不会为此改变</td></tr>
<tr><td colspan="2">量的否定论</td><td>全球化时代，文化合并、吞并的可能性都很小，文化的种类不会减少；全球化刺激了本土性，增强了民族性，文化自觉导致文化差异更突出</td></tr>
</table>

① 盛宁．世纪末·“全球化”·文化操守//王宁．全球化与文化：西方与中国．北京：北京大学出版社，2002：211.

（二）全球多元协同文化

文化统一化论者把文化全球化看作一种共同文化、单一文化的形成，当作物质生活、文化生活和行为方式的统一和普遍化，显然是走了极端。乐观论者把文化全球化的未来想象得一片光明。但这种预测的现实基础在哪里呢？超级无敌的全球先进文化是一种什么样的文化呢？在世界文化格局中谁是支配性力量？实际占据支配地位的文化是不是先进文化？先进文化征服、入侵、改造落后文化有没有合理性？文化全球化的悲观论者把全球文化想象成一片悲歌的“敌托邦”。目前虽然存在文化霸权的现象，民族的具体性和差异性被部分整合到全球化的普遍性中去，某些西方文化也在假借全球化实现对其他民族传统生活方式的超越和替代，但全球文化西方化的路径却并非单向、不可逆转的。

文化全球化是一个非常复杂的过程。乐观论与悲观论是对文化全球化后果的两个极端性预测，一个认为文化将达到最优，另一个认定文化会沦为虚无，但这两种单一论的观点都是站不住脚的。只有多元文化协同才是未来文化全球化的图景。

首先，文化是多元的。从历史上看，文化从来都不是单一的，无论是从纵向看还是从横向看，它都是多层次和多类型的。亨廷顿把世界文明分为八大板块。布罗代尔曾把西方文明分为欧洲、美国、俄罗斯、拉丁美洲四种文明，其中欧洲文明又包括法国文明、英国文明、德国文明等不同的文明，而英国文明又可分为苏格兰文明、爱尔兰文明和威尔士文明。① 西方文化并非铁板一块，而且这些相对“近亲”的文化至今也没有合拢在一起。欧洲可以使用同一种货币甚至同一部宪法，却不会拥有同一种文化，这从一个侧面说明文化发展有自己的规律。全球化有时还会激活文化在发展过程中保留的民族特色和地域特色，焕发某一种本土文化的光彩。

---

① BRAUDEL F. A history of civilization. London: Allen Lane the Penguin Press, 1994: 12.

其次，不同文化之间是相互作用的。两种文化或多种文化互相交汇时，呈现的情况异常复杂。在当前文化全球化的洪流中，西方文化、美国文化是主流，但文化全球化之所以复杂，在于它是旋流、涡流，具有开放性和发散性，其中任何一种文化都可能卷入其中，与其他文化交汇激荡在一起，西方文化也不例外，西方文化在冲击、涤荡着非西方文化的同时经受着其他文化的冲击和涤荡。“文化交流是双向的，在西方文化快速传播的同时，西方社会也大量地汲取了其他文明的文化，而且这种文化上的交融，每时每刻都在发生着。这些被吸收的‘异文化’，经过‘消化’‘改造’之后，成了各自文明中新的、属于自己的内容，并从宗教、政治和意识形态等方面反映出来。可以说，今天世界上不同文明之间已经是‘你中有我，我中有你’。”① 文化全球化是全球无数个人、无数群体、无数民族及各个国家、各种制度、各类文明在交流和交往实践中累积性互动的结果，“全球化并不意味着单一化或者一体化，它只意味着更多的相互联系与非地域化的发展”②。

最后，文化互动促使全球文化形成一个联动的整体。这是文化全球化过程中发生的重大变化。世界文化原本就是多元的。全球化以前的多元文化是没有密切联系的“无机多元”，那时谈的“世界文化”是抽象的文化图景，是一种马赛克式的碎片化“世界文化”，不是文化全球化，最多是文化地域化。全球化时代的多元文化则是多元协同文化，是一幅由许多文化交错组成的立体图案，任何一种文化都与其他文化存在着直接或间接的联系，从而使全球的文化形成一个有机联动的整体。任何一种文化都不能断然与其他文化分开。

（三）文化全球化的未来

多元文化协同共存并荣，是文化全球化的前景。

第一，承认文化多样性。文化多样性之于人类社会，就如同生物多样性之于自然界一样，是一种客观现实。在地球上，有 70 多亿人口，

---

① 费孝通．“美美与共”和人类文明．群言，2005（1）．

② WATERS M. Globalization. London and New York：Routledge，1995：136.

200 多个国家和地区，2 500 多个民族，有天主教、基督教、伊斯兰教、佛教等多种宗教。正是这些不同文明的相互依存、相互交流、相互借鉴、相映生辉，才构成这个丰富多彩的世界。文化多样性既是人类社会的基本特征，也是人类文明进步的重要动力。在人类历史上，各种文明都以自己的方式为人类文明进步做出了积极贡献。应该以平等开放的精神，维护文化多样性。只有尊重文化多样性，才能使人类文明得到发展。2005 年 10 月，联合国教科文组织通过了《保护和促进文化表现形式多样性公约》，文化多样性已经同经济全球化、世界多极化一起，成为当今世界的三大潮流。

第二，尊重文化差异性。历史文化、社会制度和发展模式的差异不应成为各国交流的障碍，更不应成为相互对抗的理由。片面强调某类文明、某种文化、某个模式的优越性，必然导致不同文明之间相互对立、不同文化之间的相互隔阂，从而触发战争和冲突、恶化国际环境。不同文明应该以平和、包容的心态看待彼此的差异。差异不应该成为冲突和矛盾的根源，而应该成为相互借鉴和融合的动力。尊重文化差异的主张不仅符合全球化时代对话、合作的主旋律，也是对“文化自我中心主义”“西方至上主义”“极端民族主义”“原教旨主义”“全球美国化”“文化西方化”等思想和行为的睿智回应。只有尊重异己文化，并善加利用不同文化的差异性，才能使不同文化相得益彰、相映成趣，才能实现和平共处、多元共生的和谐局面。

第三，倡导文化互补性。承认文化多样性、尊重文化差异性并非妄自尊大、固守一方，不是助长封闭和地方主义势力，也不是为各种形式的暴力与恐怖行为寻找借口，而是要相互学习，以他国之长补自己之短，通过借鉴、学习和吸收外来文化，使本土文化、民族文化去劣存优，升级换代，实现扬弃更新，不断发展和完善自己的民族文化体系，以此保持自己的竞争力和生命力。罗素曾说过：“不同文明之间的交流过去已经多次证明是人类文明发展的里程碑。如希腊曾学习埃及，罗马曾借鉴希腊，阿拉伯参照罗马帝国，中世纪的欧洲又模仿阿拉伯，而文艺复兴时的欧洲又仿效拜占庭帝国。通过这种学习和借鉴，人类文化才得以代代相续，形成为丰富的历史传统。”① 多样性意味着差异，差异需要交流，交流促进发展。各种文明在交流中相互学习和借鉴，不断丰富和发展，将使人类世界更加绚丽多彩，更加充满生机和活力。只有存在差异，各种文明才能相互借鉴、共同提高；强求一律，只会导致人类文明失去动力、僵化衰落。全球化使各民族文化有可能跳出原有的、较狭窄的视野，在一个新的时空坐标中定位自我和世界，这为文化优势互补提供了很好的时机和更大的舞台。各民族在精神思想、语言文字、思维方式、伦理道德、风俗习惯、心理特征上相互欣赏、相互理解、相互认同，实现文化共存互补。文化与文明之间的对话与合作是增进不同民族和国家之间相互了解、理解和包容，避免误解和冲突的有效手段之一。

第四，推动文化交融性。文化交融性是指随着文化互补的持续发生和不断增强，不同文化之间兼收并蓄，相互交汇，优化组合，融合创新，各自之间不仅会朝着越来越高的文明发展迈进，而且会具备越来越多的共同点，彼此相处也会越来越和睦，逐渐进入和合状态。尽管人类在历史上多次出现国家与国家、民族与民族、地域与地域之间的文明冲突，但是从历史发展的总体上看，不同国家、民族、地域的文明之间更多的是相互吸收与融合。这既是文明互动的主流、文化发展的主线，也是人类不断进步的源泉。人类历史发展的过程，就是各种文明不断交流、融合、创新的过程。

承认文化多样性是前提和基础，它体现了一种客观精神，认识到“你和我不同”，这是“各美其美”。但仅仅承认是不够的，还要尊重文化差异性，这是一种包容态度，认为“你的也不错”，这是“美人之美”。倡导文化互补性是把态度落实到行动倡议上——“你我来对话”，这是“美美与共”。而最高层次是通过外交实践推动文化交融性，让世界变成一个五彩缤纷、协同共荣的世界，“大家共和谐”，这是最终目标，即“天下大同”。构建和谐世界的过程是承认文化多样性、尊重文化差异性、倡导文化互补性、推动文化交融性的过程，是多元文化协同

---

① 罗素．中西文明比较//成中英．中国文化的现代化与世界化．北京：中国和平出版社，1988：9．

共荣的过程，是全球文化形成和发展的过程。文化全球化的前景，是体现全人类“合力”的多元文明协同共荣，诚如费孝通所言，是一种“各美其美，美人之美，美美与共，天下大同”的美好境界。①

由于全球化进程加快，文化全球化在产业形态和精神形态两个层面上构成了对一个主权国家文化存在和发展的现实威胁。在全球化背景下发展我国的文化产业，必须既有效地维护和保障民族文化传统和文化产业的生存与发展，防止国家文化的被侵蚀和殖民化，又不妨碍扩大对外文化贸易，积极参与国际文化市场竞争。

① 李丹．文化全球化的前景与和谐世界的构建．中国人民大学学报，2008（1）．

第九章　文化创新

文化既有稳定性，又是不断发展的。文化创新是在已有文化的基础上，适应新的时代特征，进行新的文化创造。文化创新的目标是建设有利于社会整体创新的文化。

一、文化创新的阐释

文化创新的内容丰富，形式多样，多姿多彩。

（一）对创新的理解

对于汉语中的“创新”，人们一般的理解是破旧立新、推陈出新。一般地，创新是指能为人类社会的文明和进步创造出有价值的、前所未有的新物质产品或精神产品的活动。

创新的特性主要有：

（1）创造性。就是创造新的事物，包括新的设想、新的实验、新的举措等。

（2）新颖性。突破前人，破旧立新，不是模仿和再造，而是具有新鲜、新颖的因素。

（3）价值性。创新目标具有经济价值和社会价值。

（4）先进性。相对于旧事物而言是先进的。

（5）变革性。创新是变革旧事物的产物，即改变结构、功能等。

（6）风险性。创新既是面向未来的，又是动态的过程，具有一定的不可预测的风险性。

创新既是人类活动的本质要求，又是人类的本性规定。有学者曾将创新的本质概括为“无中生有”“有中生无”“有无相生”。所谓“生”，就是说世界并非本来如此，并非一直如此，而是生生不息，日新月异。创新就是从被抛弃、被忽略、被认为“不可能”“不必要”的“空白处”生出“有”来，独辟蹊径，别开生面，化腐朽为神奇。“无中生有”的前提是“有中生无”，即超越已有的成果，不为权威的结论所束缚，不为流行的观点所湮没，不因眼前的困难而退缩。所以，创新的本质就是“有无相生”。创新就是创造新东西，在社会生活的方方面面都可体现出来。人类正是凭借自身的创新能力和创新的历史活动，才离动物界越来越远，其文明程度才越来越高。在人类发展史上，中华民族历经劫难而不衰，如今更加朝气蓬勃，靠的就是代代相传的那种不屈不挠的创新精神。创新，现在越来越受到人们的广泛关注，其重要性得到越来越广泛的认可。

（二）文化创新的内涵

文化创新是在继承优秀文化传统的基础上，吸收世界文化的合理资源，摈弃落后、陈旧文化，创造先进文化，创造新的文化内容、文化产品、文化形态。

文化创新从本质上说是“一定社会形态下自由的精神生产”①，表现为一种思维能力和实践能力的飞跃，具有前瞻性和超前性。文化创新是在内容和形式上推陈出新，批判扬弃，创造转化，创造新的文化形态

① 马克思，恩格斯．马克思恩格斯全集：第 26 卷（Ⅰ）．北京：人民出版社，1972：296.

和样态。

文化创新是由连续的文化累积和对外来文化的借鉴吸收而导致的一种文化创造。由人类生存和发展需求引发的一系列矛盾运动，构成文化创新的动力机制。人类只有进行持续的文化创新才能超越无限与有限、复杂与简单的矛盾。

文化创新包括文化发明创造和文化发现。

文化发明创造，是指人们在原有文化的基础上，为了满足和发展自身的需要，创造出新的物质文化产品或新的精神文化产品，相应地创造出新的活动方式，包括行为方式和思维方式等。

文化发现是通过人们的观察和分析，认识和了解到一种虽然在自然和社会中已经存在但过去不曾为人们认识和了解的自然事实和社会事实。被发现的东西并不一定是新出现的东西，但文化发现必然给人们的思想和观念带来巨大的冲击，使人们的思维方式和行为方式发生深刻变化，催生出新的文化因素或文化现象。①

理论创新不足、文化创新能力不强，是制约中国文化发展的主要因素。近年来大量引进的各种西方文化，包括各种新学说、新思潮，在很大程度上影响和制约了中国文化界的原创能力，甚至占据了学术话语的主导地位。

文化创新既是建设创新型国家的重要方面，也是推动文化发展的有效途径；发展创新文化是建设创新型国家的一项重要工作，而且创新文化是创新型国家的一个有机组成部分。文化理念、价值观的变革与创新对一个国家的科技创新、经济繁荣、社会发展、民族振兴至关重要。

文化创新是国家创新体系建设中不可或缺的基础性工作，要以增强自主创新能力为核心，以改革促进文化理论创新、文化观念创新、传统文化创新和文化体制创新，推动文化内容、文化形式、文化工具等的全面进步。

---

① 杨镜江. 文化学引论. 北京：北京师范大学出版社，1992：158.

（三）文化创新的类型

文化创新包括内容和形式的创新，主要表现为观念、理论创新，文化内容、产品创新，文化模式、形式创新，文化体制机制创新，文化传播方式创新，文化科技与产业创新等。

1. 观念、理论创新

要推进国家文化创新体系建设，就必须首先着眼于思想观念的转变、更新和理论的创造，克服对于西方现代文化的能力依赖和路径依赖，立足于中华民族数千年文明所传承下来的丰富的思想文化资源，融合世界一切优秀的文明成果，创造具有中国特色、中国气派、中国风格的文化。任何新文化的形成，都有一定的机缘或条件，是人们对生存环境的挑战进行积极应对的结果。实践基础上的理论创新是文化发展的先导。思想观念是行为的先导。要解放思想，破除一切不适应时代要求的陈旧观念。

理论创新是指一个理论的创立和发展过程。理论创新是一种包含着丰富内涵的生动活泼的理论创造、理论发展过程。当前时代和实践所需要的理论创新，有以下基本内涵：（1）结合新的时代特点和社会实践，对前人的基本理论观点进行创造性的丰富和发展，做出符合时代和实践要求的新的阐释和说明，包括修正某些不完善的观点，摒弃某些陈旧的观点，创新适应新情况的观点。（2）积极吸纳自然科学、人文社会科学以及其他一切科学门类的丰富营养，借鉴世界各国的理论科学成就，以宽广的世界眼光实现传统理论从内容到形式的超越和突破。（3）大胆改革传统的研究方法，实现研究方法论的创新。理论创新是一个系统工程，各方面相互联系、相互作用，形成一个整体。

解放和发展文化生产力，这就要解决文化发展与经济、社会发展的关系，把文化发展的着力点放在满足人民群众精神文化需求和促进人的全面发展上，实现社会效益与经济效益的统一。新的文化表现为新的价值观念、新的行为准则等，如果它们要被人们认同，要变成人们的实际行动，仅靠理论上的灌输和表面上的思想交流是不够的。必须树立体现新价值观念、新行为准则的有形象征，以利于新文化的确立。必须适应新形势、新环境、新情况，从实际出发，自觉破除一切不合时宜的落后观念和主观偏见，树立与时代要求相适应、与实践发展相符合、与人民呼声相一致的新观念。

2. 文化内容、产品创新

文化创新的内容丰富多彩。应注重思想性和艺术性、知识性和趣味性、科学性和人文性、教育性和娱乐性的统一。

文化产品创新多种多样。应创造满足人们需求的文化产品，创作出更多站得住、叫得响、传得开、留得下的优秀精神文化作品，经得起实践检验、人民检验、历史检验，给人带来更多思想的启迪、身心的愉悦、审美的享受。

3. 文化模式、形式创新

创造新的文化模式，提供从一种文化向另一种文化转变的训练和磨合机会。

文化形式是文化发生、表达、传播的载体，是表现文化内容的手段和方式。创造新的文化形式，适应人们的心理特点和表达习惯，注重民族性、通俗性、趣味性、娱乐性，切合实际，贴近人们的生活。

提高建设社会主义先进文化的能力，就要努力做到在领导方式上有新转变，在繁荣发展上有新思路，在实现途径上有新手段，在破解难题上有新举措，在推进工作上有新成效。

4. 文化体制机制创新

建立健全文化创新机制，关键是建立有助于创新的管理体制，培育充满活力的文化创新主体，完善文化市场，健全有助于创新的政策法规，形成鼓励创新的环境氛围。

建立健全有利于文化工作者深入实际、深入生活、深入群众的体制机制，充分调动文化工作者的积极性和创造性，努力营造有利于文化创新的良好环境。建立以文化生产单位和个人为主体、以优秀文化作品的市场化开发为重点、以完备的产业链和完整的价值链为依托、以版权保护为保障的文化创新机制。

5. 文化传播方式创新

创新文化传播工具、渠道和手段，充分利用高科技，丰富传播载体，构建传输快捷、覆盖广泛的文化传播体系，推动各种传播方式的融合，提高传播效果，增强吸引力和感染力，更好地适应人民群众的需要和接受能力。敏锐反映社会实践的新领域、表现主体的新变化和受众的新要求，积极运用高新技术手段推动形式创新，催生新的文化品种，增强文化产品的表现力、感染力和传播力。

遵循传播规律，不断改进传播方式。要高度重视互联网等新型媒体对社会文化的影响，积极引导，融思想性、知识性、趣味性、服务性于一体，提高时效性，扩大覆盖面，增强影响力。

6. 文化科技与产业创新

文化科技是指应用于文化领域的自然科学技术。文化科技是文化艺术发展的重要基础。信息化和数字化成为文化科技创新的主要方向。要发挥文化和科技相互促进的作用，深入实施科技带动、创新驱动战略，增强自主创新能力；抓住一批全局性、战略性重大科技课题，研发一批具有自主知识产权的核心技术、关键技术、共性技术，加快发展文化装备制造业，以先进技术支撑文化装备、软件、系统研制和自主发展，加快科技创新成果转化，提高我国出版、印刷、传媒、影视、演艺、网络、动漫游戏等领域技术装备水平，增强文化产业核心竞争力；依托国家高新技术园区、国家可持续发展实验区等建立国家级文化和科技融合示范基地，把重大文化科技项目纳入国家相关科技发展规划和计划；健全以企业为主体、以市场为导向、产学研相结合的文化技术创新体系，培育一批特色鲜明、创新能力强的文化科技企业，支持产学研战略联盟和公共服务平台建设。

要研发制定文化产业技术标准，加快建立文化产品和服务质量管理体系，提高文化产品的科技含量；实施文化数字化建设工程，改造提升传统文化产业，培育发展新兴文化产业；支持电子信息产业研究开发内容制作、传输和使用的各类电子装备、软件和终端产品，支撑文化产业发展。制定文化产业支撑技术的类别和范围，运用产业政策鼓励文化企业集成应用高新技术，支持文化装备业与文化产业协调发展；扩大文化消费，即增加文化消费总量、提高文化消费水平；创新商业模式，拓展大众文化消费市场，开发特色文化消费，扩大文化服务消费，提供个性化、分众化的文化产品和服务，培育新的文化消费增长点。

只有以理论创新、观念创新为前提，实现科技创新与文化创新的整合，以制度创新和管理创新为保障，才能从文化产业的原创源头，为中国文化和文化产业的发展提供激情和灵感，提供中国文化发展所需要的文化净化力、文化同化力和文化抵御力，以独具特色的文化产品，参与全球文化竞争。

要倡导“独立之精神，自由之思想”的文化创新境界，健全和完善知识产权保护体系，鼓励人们在文化领域进行大胆探索和创新，维护公民在精神文化原创领域的合法权益，加大对文化创新能力系统建设的投入，制定面向全球文化竞争的文化政策和产业政策，切实推进思想文化创新和文化产业创新；不仅强调文化成果的原创性，而且同样关注文化原创成果的传播和扩散，关注它的产业化。

营造有利于文化产业与文化管理整体创新的环境，必须确立整体创新意识，建立整体创新的目标管理机制，实现文化管理与文化产业政策的战略协同发展和有机联动推进。要特别突出理论创新、观念创新在文化产业创新系统中的重要地位。理论创新是管理创新和制度创新的文化基础，具有解放思想的意义。要加大文化创新系统的投入，瞄准全球文化产业发展趋势，进行跟踪研究，整合分散的文化资源和文化力量，充分利用和开发丰富的民族文化遗产和传统文化资源，发挥中国文化产业的比较优势，建立起具有中国特色的文化产业创新体系。

二、文化创新的途径

人类发展新文化主要有三条途径：

（一）吸收传统，推陈出新

尊重传统、吸收传统，既可以使我们增知明理，又可以巩固我们的生命积淀，延续我们的精神命脉。

传统文化是特定时间、特定背景、特定历史条件下产生出来的特定文化，它积淀着民族的历史与精神，是我们了解过去、筹划未来的重要参照。传统文化是每个民族的珍贵财富。

传统文化在帮助人类认识民族传统的同时，为人类发展新文化提供了丰富的源泉和充足的动力，它在社会发展、科技创新过程中发挥着越来越大的作用。无论是天文学、医药学、建筑学、环境学、食品学，还是电子学、仿生学、基因工程等，都可以从祖先的文化传统中获得灵感，汲取精神营养。继承优秀遗产是发展新文化的前提。原生态的传统文化在创建新文化的过程中，具有次生态文化所无可替代的作用。通过各种文化遗产，人类不但可以了解到历史上各个时代的科技发展水平，还可以从祖先所创造的文明中汲取更多的精华和灵感。文化遗产为新时代的学术研究、文化发展提供了极其珍贵的资源，同时启示后人继往开来，创造更辉煌的文明。

中国传统文化包含着鼓励创新的丰富内涵。自强不息的文化精神与创新图强的民族追求内在一致。中国传统文化强调推陈出新、革故鼎新，与自然万物生生不息相应，主张有机的生成论，这种文化特质与当代改革创新的时代精神高度契合。

文化发展是一个推陈出新、吐故纳新的过程。新文化的产生不是对旧文化的简单抛弃，而是在保留和继承旧文化合理因素的前提下，改造、扬弃、革新旧文化。继承是基础，是前提；革新是意图，是目的。推陈出新、吐故纳新的过程也就是一个更新和再创造的过程。文化传承伴随着社会心理的积淀，文化创新需要一种气氛自由的社会环境。

文化发展是积累的、有继承性的，传统文化基本精神随时代的发展而发展，在不同的时代有不同的内容，体现为对传统的超越。对不同文化传统的吸收和融合，可以使固有的传统因注入新的血液而生机勃发。

（二）学习异文化，合理扬弃

任何文化体系都是人类根据不同的自然环境和人文环境创造出来

的，是人类智慧的结晶。社会是一个开放系统，不同文化的相互交流、相互补充，为文化创新提供了源泉和条件。

汲取国外先进文化以丰富自己的文化内涵，是中国新文化创造的传统。中国文化就是在与不同文化的对话与融合中发展起来的。在先秦时期有诸子百家的对话，以后有汉民族文化与其他少数民族文化的对话，以及佛教文化与中华文化的对话，等等。近代以来，从被迫打开国门到主动对外开放，中国文化更是在与西方文化的对话中成长起来的。从鸦片战争到五四运动时期，在西方列强冲击下，中国被迫向西方学习，文化的冲击给人震撼，发挥了启蒙作用。“科学”和“民主”的思潮涌入，改变了中国社会的进程。但是中国对封建文化批判不彻底，对西方先进的文化学习不够，西方文化的精华被长期排斥。后来中国向苏联学习，受苏联影响很大。在几十年的时间里，中国与西方发达国家几乎没有经济技术往来，结果差距越拉越大。20 世纪 80 年代后，在建设中国特色社会主义的伟大实践中，中国发展面向现代化、面向世界、面向未来的，民族的科学的大众的社会主义文化，创造更加灿烂辉煌的中华文明。东西方文明在求同存异的原则下走向文化融合。人类文化发展的前景是文化的全球化和文化多元化的并存共进。

我们要以中国文化的博大胸襟与犀利眼光看世界上所有文化与人类历史上一切优秀文化资源，进行文化吸收、借鉴和整合。对外来文化资源需要进行选择。只有那些与已有文化系统的某一层次在结构上互相协调、在功能上互相关联的新因素，才会被选择、被融合进去。要允许社会思想的多样化存在，并促进社会文化的多样化发展。要着眼世界文化发展的最前沿，瞄准新思想、新观念、新成果，吸收世界思想文化的精华。要以我为主，为我所用，辩证取舍，择善而从，在保持民族文化独立性的前提下吸收、借鉴外来文化。不能搞思想垄断、文化专权。作为当代西方文化重要思想形式和理论形式的西方社会思潮，如知识经济思潮、生态文化思潮、人本主义思潮、全球化思想等，对世界各国产生了广泛的影响。同时，“文化帝国主义”“文化霸权”的影响不可小觑。要学习、吸收世界先进文化，抵制、防止不良文化的侵袭。

东西方文化的交流，必须激活各自文化具有的潜在生命力，使文化焕发出新的生机。只有以开放的态势、包容的情怀，进行合理的扬弃，才有益于新文化的创造。

（三）有机整合，实践创新

文化创新不只是表现在文化特质的开发、引进和创造上，有时甚至是通过某种途径，对各种异质的、各种形态的文化达到合意的、理想的文化整合。整合也是一种创新。

文化整合就是文化的调整综合，指构成文化的诸要素（特质）、诸子系统的相互综合的过程。文化整合的动力是人类的创造力。文化整合的目的是优化成分、改良结构、增强功能。

世界上没有一成不变的东西，更没有一成不变的文化形态。文化的历史就是社会存在的历史。文化重塑，是建立一种全新的文化，以代替过去曾经引导组织走向成功但现在很难满足组织成长需要、越往后越会阻碍其发展的旧文化。文化建设是一种具有历史继承性的动态过程，在此过程中，原有素质、历史积累、现实环境等都对某种文化发生影响。随着时代的前进、社会的进步，文化不能固守旧的体系而停滞不前，必须适应新的形势和环境，不断更新观念，注入新的内容，增强文化活力。

文化创新的内在动力之一是人化的内在自然，表现为人的需求不断更新，对现实状况不断超越，而人的超越目标受到客观条件的制约，导致人的文化创造的内在冲力和文化发展速度的差异。文化在共性上具有确定性，而在个性上具有不确定性，文化既是历史地形成的，又不断有新因素加入。

新的文化整体在功能上强于旧的文化整体，并强于文化各部分之和。随着社会的进化，文化必须不断地重组，形成新的文化结构、文化秩序、文化活力。

文化整合的过程，有渐进的调适，即不同阶段、不同地域的文化在相互接触、碰撞过程中的调整和适应；有剧烈的变动，如由于外来文化刺激而发生剧变；有主动的，也有被动的。整合过程既是一个动态的、逐步的、不间断的过程，也是相对均衡的综合化过程。

文化整合有以下几个特点：（1）主题性。每种文化都有一种主题、一种主导观念，对其他的次文化进行引导或改造，构建新文化。（2）联系性。文化整合意在把各种文化联结起来，是有机的逻辑的整合。（3）功能性。文化相互协调，适应环境，发挥好作用，形成最佳状态。（4）创造性。文化整合的前提是继承，但通过整合有所更新，以新的面貌出现。

文化融合是指两种异质文化相互接近，可能产生第三种文化，而原来的文化逐渐变化或消失。文化融合与文化涵化的意思接近，文化涵化就是持续的文化接触、沟通、融合。文化同化指不同文化特质的个体、群体相互接触融合为同质文化的过程。同化一般是潜移默化，主要表现为先进文化同化后进文化、多数人的文化同化少数人的文化、外来移民的文化为本土文化所同化。同化可分为自然同化和强制同化。人类历史上每一个社会形态的更新和各个民族的融合往往都会产生新的生活方式、行为习惯和思想观念，从而导致文化的创新。

张岱年提出“文化综合创新论”。他认为，我们建设社会主义新文化，一定要继承和发扬自己的优良传统，同时汲取西方文化的先进贡献，逐步形成一个新的文化体系。这个新的文化体系，是在马克思主义原则的指导下，以社会主义核心价值观来综合中西文化之所长，创新中国文化。它既是传统文化的继续，又高于已有的文化。这就是社会主义的新文化。中国文化的现代化，只能走“古今中外，综合创新”的道路。

任何文化都是一定社会实践的产物。文化只有植根于历史传统和现实生活实践，才会有巨大的生命力和活力。文化创新来源于社会实践。

文化创新的主体是人，人们不断挖掘自己的创新潜能，提高自身素质，不断开拓新的创造领域。文化创新必须以人为本。要确立创新理念，形成有利于创新的社会环境，延续文化传统，培育创新人才，为社会发展提供理想状态，把建立一个实现人的个性、自由与全面发展的社会作为发展的终极理念。

文化创新能力既是一个国家、一个民族智慧与文明的集中体现，也是一个国家和民族综合实力的重要标志。

中国特色社会主义文化，源于中华民族五千年文明，又植根于中国特色社会主义实践，博采各国文化之长。广泛吸收和借鉴人类社会创造的一切文明成果，是民族文化不断发展的重要源泉。建设中国特色社会主义的文化，必须坚持百花齐放、百家争鸣，古为今用、洋为中用，推陈出新、整合创新的方针。百花齐放、百家争鸣，为文化事业的繁荣发展创造了一个民主、平等、宽松、和谐的环境；古为今用、洋为中用，既体现了对中外优秀文化传统的继承和借鉴，也体现了面向现代化、面向世界、面向未来的宽广胸襟；推陈出新、整合创新，则体现了勇于开拓、勇于创造、在传承中超越、在实践中创造的文化创新精神。

文化建设最重要的是兼收并蓄，博采众长，有机合成，综合创新，在继承中超越，在实践中创新。

三、创新文化建设

创新文化，是一种能够激发人们的创新意识和创新热情、增强创新动力和创新能力、鼓励和保障创新行为、为创新活动提供广阔空间的文化模式、文化环境①；是有利于创新和新生事物成长的价值观、态度、信念等。创新是文化的生命之魂，是文化的魅力所在，也是文化发展的动力。

创新文化表现在科学文化、人文文化等领域，更具体表现在创新组织的文化之中。创新文化为理论创新、制度创新、科技创新和文化创新等提供适宜的环境和土壤。创新文化体系将创新本身的文化意蕴投射到

---

① 李正风，胡钰．建设创新型国家：面向未来的重大抉择．北京：人民出版社，2007：221-222.

社会生活的各个领域。实现自主创新，需要创新文化的支撑。没有创新文化，也就不可能有整个社会的创新。

（一）创新文化的特征

创新文化的基本特征主要有：

（1）倡导创新的价值取向。创新文化赋予创新行为积极的社会意义，体现出倡导创新的价值取向，代表着先进文化的内在精神。个人创新行为的受益者不仅是创新者个人，而且是整个社会。创新的收益不仅表现在创造财富上，而且表现在不断探索更好的创造财富的方式上。

（2）创新图强的坚强意志。创新者需要有勇于冒险、敢于创新的勇气、抱负和自信心。创新图强的坚强意志是创新者的内在品质，也是创新文化的重要因素。意志、信心、勇气是自主创新不可缺少的要素。

（3）怀疑批判的精神气质。创新需要自由和探究的精神，其核心是怀疑批判的态度。创新活动具有探索性和非预期性，要形成宽容失败的社会氛围，形成不断追求卓越、精益求精的创新态度。

（4）激励创新的制度环境。创新文化是一种鼓励创新的制度文化。合理的制度有利于制约创新中的机会主义行为，为创新提供稳定的社会秩序，降低创新的内在风险，有利于提高创新效率，也有利于保障创新者的创新收益。①

创新文化环境的形成，除了更新观念、创造观念环境外，还要改革机制、营造制度环境。只有为各种创新观念和思想提供制度保护，才能形成有利于创新的文化环境。关键要建立、发展和完善开放机制、竞争机制与激励机制。开放机制是打破地区和行政的分割模式与封闭状态，实现资源和信息共享。竞争机制是从生存压力和文化心态上迫使社会群体和个体奋发进取、锐意创新的利器，也是为创新人才脱颖而出、大显身手构筑的起飞平台。激励机制是对鼓励冒尖的制度确认，更是促进创

---

① 李正风，胡钰．建设创新型国家：面向未来的重大抉择．北京：人民出版社，2007：226-232.

新的动力源泉。建立有效的激励机制，使之成为激发创造性和积极性的发动机，是促进创新文化环境尽快形成的重要环节。

一般来说，科学文化倡导创新，人文文化尊奉传统，但二者并不是对立和排斥的，而是共生互补、和合创新的。科学文化是科学创新的产物，也是创新文化的突出代表。理性客观、唯实求真、批判创新、宽容失败、注重效率是科学文化的突出特点，也是创新文化的基本要求。

培育创新文化，就要创造认识创新价值的条件，激发创造活力，培育创新意识，倡导创新精神，完善创新机制，形成接纳创新成果的态度和倡导创新创业的社会氛围，引导人们积极投入创新实践之中。

（二）创新精神

创新文化是一种氛围、一种精神，是一种民族精神和价值体系上的重大创新。它是有利于创新活动的价值观念、行为准则和社会环境的一种综合体。

创新文化的核心是科学精神，本质是实事求是、求真务实，内容包括自信自强，有理性地怀疑，敢于提出问题，善于提出问题，恰当分析问题，创造性地解决问题，不怕失败，允许失败，锲而不舍，勇于开拓。说到底，创新文化就是能够最大限度地激励或激发人们去创新的文化。对于科技领域来说，创新文化就是能够最大限度地激励或激发人们进行科技创新（特别是重大的原始性创新）的文化。

创新是民族进步的灵魂。创新精神是我们民族几千年来生生不息、发展壮大的重要动力。精神反映出人的意识、思维活动和自觉的心理状态，它包括情绪、意志等。创新主体通过自身努力，使主体性得到充分发挥而形成创新精神。人类社会的进步无不是追求变革与创新的结果。只要一个民族和国家勇于创新、善于创新，就能够迅速发展和强大。一个没有创新能力的民族，难以屹立于世界先进民族之林。创新精神是竞争的内在需要，创新能力是品质、智慧、才能和心理的集中体现。

创新精神是从创新主体的角度来理解的，它是一个综合概念，是创新主体的思维、心理、观念等多方面品质的综合反映，是创新主体的综合素质，是创新主体在创新活动中的一种精神气质，它反映了创新主体在创新活动中长期陶冶和磨砺而积淀起来的价值观念、认识方式和行为准则的总体状况。

创新精神体现了人们面对复杂多变的世界，改造世界、解决问题时所表现出来的一种精神状态，这种精神态度不甘于因循守旧、照抄照搬而积极求新求解，由此产生一种不屈不挠的行为。

创新精神的根本表征在于不满足现状，不拘泥于原有的结论和已达到的水平，通过充分发挥人的创造力，勇于探索、积极推进创新活动，使人们对创新的认识与行动达到一个新高度、新水平和新领域。创新精神以积极的态度，认真地对待创新活动，并由此形成一种严谨、稳定而超越于现实的、创造性的心理倾向，它突出人的非智力因素，把智力因素渗透到非智力因素之中，通过非智力的价值观、人生观、态度情感等表达出来。

创新文化不仅涉及制度层面和物化形式层面，而且更重要的是涉及精神理念和价值层面；在功利主义浪潮日趋迅猛之时，强调科学与社会在文化和精神层面的互动关系，以人类崇高的理想和精神为先导，引导或引领科学与社会，显得尤为重要。要营造和建设一种真正能够最大限度地激励或激发人们进行科技创新（特别是重大的原始性创新）的创新文化，必须突破并超越实证主义和功利主义的狭隘观念，实现科学观的转变。科技创新不仅有赖于社会的经济和物质文明的发展水平，而且更取决于社会的文化和精神文明的高度。①

（三）创新思维

创新思维是一切创新活动的灵魂。没有思维上的创新，就没有实践中的创新。创新思维来自实践，是人们在实践活动中所创造的新观念和新方法的提炼、总结、升华和抽象。思维方法是从众多具体问题的思维过程中抽象出来的，又能运用于其他具体问题的一般性思路。新的思维

① 孟建伟. 创新文化与科学观的转变. 中国人民大学学报，2005（4）.

方法必然影响和决定新的实践活动。思维方法提供思考的路线、途径，选择收集信息、知识的角度、内容和范围，影响思维活动的效率，决定思维活动的成效，好比登高的梯、过河的桥、指路的灯和航标。

1. 了解创新思维

创新思维是高度组织化和信息化的人脑所特有的功能，是人类创造力的最重要的主体性条件和根据。创新思维的实质是给已有的知识建立新的联系或进行新的组合，产生新的思维方法。

了解、掌握和培养创新思维方法，有助于根据创新目的和要求，选择创新工具和途径，自觉运用恰当的思维方法，提高思维能力，增强思维效果，提高解决具体实际问题和实现突破、创新的成功率。

创新思维可从狭义和广义两方面展开分析。狭义的创新思维，指建立新理论，产生新发明、发现或创造新事物而发生的思维活动，其思维成果是独创的。广义的创新思维，指一切思考新问题而没有现成的思路可以套用的思维活动，进行新的思考和探索，突出新意和创意。创新思维的目的是提出新的设想、新的意见，采取新的行动和措施。

英国科学哲学家贝弗里奇曾经从创造过程的角度将思维方式分为：（1）批判性思维；（2）想象性思维；（3）无控性思维。贝弗里奇指出："每一类思维方式都有自己的优点及局限性；它们只适用于特定的场合。科学研究的一般程序是按批判性思维展开的，只有当着批判性思维无法解决问题时，想象性思维的大门才被打开，以期找到一条解决困难问题的途径。如果这样还是不能找到一条前进的途径，那么，人们就应该求助于无控性思维，用冷静的眼光去寻求解决问题的希望。"

批判性思维是对已有的观点、理论提出问题，也就是从新的角度提出怀疑并进一步加以分析。科学思想史上许多重大的理论创新都是从提出问题开始的，因而也就同批判性思维分不开。运用批判性思维首先要解放思想，敢于冲破传统的思维、观念的束缚，提出新问题、新思想、新观念。其次要实事求是，用科学方法进行调查研究，进行观察实验，取得第一手资料，也就是要从客观实际出发，用科学方法对问题进行分析与研究，找出规律、方案、办法，提出解决问题的新思想、新观念、新理论。

创新思维方法既包括逻辑思维方法和非逻辑思维方法、理性思维方法和非理性思维方法，也包括辩证思维方法、系统思维方法、复杂性思维方法等。

要系统地学习创新思维方法，加强思维训练，增强思维素质，努力培养创新思维，并在实践中应用和提高。

培养创新思维，要善于发现问题、明确目标、开动脑筋、举一反三，要能够打破常规、独辟蹊径、拓宽思路、大胆设想。要掌握创新思维的方法和技巧，灵活运用抽象思维、形象思维，既能够前瞻思维，也可以从后思索，力求破旧立新、推陈出新，善于联想、想象，不断拓展思维空间。

善于提出问题是创新的前提。美国科学哲学家劳丹曾把科学问题划分为经验问题和概念问题两大类。人们对所考察的自然事物感到新奇或试图进行解释就构成经验问题。经验问题可分为：（1）未解决的问题，即未被任何理论恰当解决的问题；（2）已解决的问题，即同一领域中所有理论都认为解决了的问题；（3）反常问题，即未被某一理论解决，但被同一领域中其他理论解决了的问题。一般说来，未解决的问题只能算是潜在的问题，当存在适当的理论和足够的实验条件来判定这个问题时，它才转化为实际问题。反常问题对某些理论的威胁最大，更容易引起一些卓越科学家的关注。概念问题分内部概念问题和外部概念问题。内部概念问题是指由理论内部的逻辑矛盾产生的问题；外部概念问题是指同一领域中不同理论的矛盾或理论与外部的哲学、文化观念等不一致产生的问题，如科学家关于“时空”“因果性”“实在”等概念的争论就属外部概念问题。

寻求经验事实之间的联系并给出统一解释，既是科学活动的基本目标，又是科学问题产生的最基本途径，也是建立科学理论或假说的最基本出发点。科学理论或假说的最基本、最直接的目的就是寻求一定范围内的经验事实的联系和统一的解释。

理论内部存在的逻辑悖论或佯谬可能引出重大的科学问题。任何一个科学知识体系应当在逻辑上是无矛盾的，这是对科学知识的基本要求。科学知识体系的逻辑问题或者表现为逻辑上的跳跃或推理上的不严密，表面上的“逻辑结论”实际上并不能真正从前提中导出，或者表现为一种理论在逻辑上不能自洽，从同一组前提出发，却导出了相互矛盾的命题，从而造成科学中的佯谬或悖论。一种理论或一个概念，如果从中推出逻辑矛盾，那就表明其中存在需要进一步探讨的问题。

根据科学知识体系的逻辑一致性的要求，科学家甚至要在不同学科的理论体系之间寻求逻辑统一性，进而发现不同学科的理论体系之间存在的矛盾和冲突，提出更具有普遍性的科学问题。

培养创新思维，要综合运用逻辑思维和非逻辑思维，抓住灵感，把握直觉，充分开发创造潜能。可借鉴直觉思维、灵感思维、梦思维、形象思维、模糊思维、框外思维、辐射思维、逆向思维、求异思维、迂回思维、童稚思维、机遇思维等。① 还可从横向思维、纵向思维、侧向思维、分离思维、合并思维、质疑思维等方面进行。

2. 创新思维的特征

一般来说，创新思维具有以下几个方面的特征：

（1）独创性、求异性。

独创性，就是独具特色，与众不同，有独特的贡献，代表了思维的深度。它必须突破常规、传统的模式，深度开发新观念，具有创新性。独创性即提出独到的见解，能见人所未见，前所未有、别开生面，带来新鲜的创意；冲破陈旧的思维方式，把思维从狭窄、封闭、陈旧的体系、框架中解放出来，而有所创造。

求异性是对司空见惯的现象和已有的权威性理论持一种怀疑的、分析的、批判的态度，从不盲目和轻信，并用新的方式来对待和思考所遇到的问题。创新思维实质上是一种求异性思维，它体现出与其他常规思维活动形式所不同的独到的创新意识。在思考问题的方式、方法以及思维活动结果等方面，它都与传统思维活动存在不同之处。主要表现为：

---

① 何名申．开放大脑核心训练：创新思维与创新能力．北京：中国档案出版社，2004.

选题的标新立异，方法的另辟蹊径，对异常问题的敏感性以及思维的独立性。

（2）主动性、探索性。

创新思维是主体的一种能动的过程，它需要创新主体积极调动自身的情感、意志以及积极的生理和心理功能，达到最佳状态。只有积极主动，才能取得创造性成果。离开了创造主体思维状态的主动性，要顺利进行创造性思维是不可能的。

创新思维也是一种不断探索、试验的过程，往往具有突发性，有时显得违背常理、令人不可思议。

创新思维也具有连续性或韧性，这是创新思维的耐力和持续力的量度。

（3）综合性、辩证性。

综合性也即整体性，就是综合集成、重新组合，善于在广泛的范围内给已有的知识要素建立新的联系，形成整体思维、系统思维，代表了思维的广度，在整体上体现思维的突破。

辩证性体现为逻辑思维与非逻辑思维的统一、发散思维与收敛思维的统一、潜意识与显意识的统一。

创新思维包括两种基本的思维形式——逻辑思维和非逻辑思维。创新思维不可能是某种单一思维形式独立作用的结果，而是多种思维形式与方法的优化综合，是非逻辑思维与逻辑思维的辩证统一。在创新思维的整个过程中，各种思维形式发挥着特定的作用。非逻辑思维主要表现为直观思维、联想思维、幻想思维、灵感思维以及作为创新思维特殊形式的发散思维、收敛思维、逆向思维、侧向思维等。在思维的每一个环节，都离不开逻辑思维。创新思维中非逻辑思维和逻辑思维也是互相补充的。人类思维的物质基础是人脑的结构及其功能。人的完整的创造性思维活动，就是通过信息的传递，由大脑的左右半球相辅相成、协调一致来完成的。在创新思维活动中，新的观念的提出、问题的突破，尽管往往表现为从“逻辑的中断”到“思维的飞跃”，并通常伴随着灵感等非逻辑思维形式的出现，但是，在整个创造性思维的过程中，逻辑思维始终存在，并发挥着重要作用。

收敛思维与发散思维互补，具体表现在：第一，收敛是发散的前提。创造开始于问题，而问题的产生往往是收敛思维的产物。只有通过收敛思维形成所要解决的问题，并为问题的解决准备了相关的事实材料之后，发散思维才有前提和基础。第二，只有在发散的基础上进行收敛思维，才能在已有的材料、问题的基础上取得成果。

潜意识是人们长期积累起来的、储存在头脑中的知识、经验和方法。潜意识和显意识是相对而言的。通常认为，显意识的控制体系是一个逻辑系统，潜意识的控制体系则是一个情感本能系统。在显意识中不能组合的东西，能在潜意识中形成组合块。潜意识的内容是在显意识状态下长期积累而成的，潜意识一旦闪现就会表现为显意识，并为显意识所同化。创新思维就是显意识和潜意识反复交替作用的结果。如灵感，就是在创造的过程中，人的感受经过潜意识的加工，在一定的条件下，突然和显意识沟通，迅速得出问题答案。

（4）灵活性、流畅性。

创新思维是一种动态的过程，处在不断的运动变化之中，它会因自身的运动变化而相应地发生结构性的变化，表现为自身变换的灵活性：及时变换思维的角度和方向，举一反三，从一个思路或方向变通到另一个思路或方向，形成多视角、多方位的思维活动态势。及时抛弃一些旧的思维观念和旧的思维方式，转向新的思维观念和新的思维方式，调整思维活动的趋向。主动抛弃一些无效的思维方法和思维材料，运用新的思维方法和思维材料。

创新思维是灵活多变的，其思路能及时地转换和变通。主要表现在：第一，思维的主体性。具有立体的思维能力，能从多方位、多角度、多侧面去思考问题，寻求合适的答案。第二，思路的变通性。当某一思路行不通时，及时地放弃旧的思路、转向新的思路。第三，方法的多样性。采用多种方法解决问题，主动放弃无效的方法而采用新的方法。

思维的流畅性就是思维连贯、敏锐，是认识、观念、方法以及对事物的表达按照事物发展的顺序、结合情境的需求进行迁移、跳跃、流动和联系，代表了思维的速度。

3. 创新思维的形式

创新思维有多种形式，要灵活、综合地加以运用。

（1）发散思维、扩散思维。

发散思维又称求异思维、扩散思维，它是常用的一种思维形式。其特点是以某些已知信息为思维起点，充分利用已有的知识、经验，采取推测、想象等方式，让思维沿各种不同的方向任意发散，向四周辐射，重组记忆中的信息和眼前的信息，以产生新的信息。发散思维从同一源泉产生各种众多的输出，从多层面、多方位探求解决问题的方案，进而产生众多的创造性设想，从某一有限的信息或知识得出众多的答案。迁移思维是在不同的事物之间建立起联系，进行移植、模仿，而产生新的观念和方法。

发散思维追求的目标是获得尽可能多、尽可能新、尽可能独创的设想、方法、思路、形式。它既无一定的方向，也没有范围的限制，不受拘束，不落俗套，不墨守成规，不循规蹈矩，力求标新立异，甚至异想天开，而达到海阔天空的境界。

在创新思维中，发散思维发挥着重要的作用。发散思维可以使人的思路活跃，思维敏捷、办法多、想法广，使人考虑问题周密，提出种种不同的可供选择的方案和办法，特别是能提出别出心裁、出乎意料的创见。一些新的观念、新的思想、新的方案、新的思路都是通过发散思维获得的。

（2）收敛思维、聚合思维。

收敛思维也即聚合思维，是从不同来源、不同材料、不同方向探求一个正确答案的思维过程和方法。思维集中于同一方向，所有思维活动指向同一目标。它是以问题的条件、前提与某一答案的联系为基础的。收敛思维是使多种信息（思维基点）集中指向某个中心点（思维目标）的综合思维。它的基础是抽象、判断和推理的能力，它能把散在千里之外的辐射思维牵引回来，向着某一思维目标发动思维攻势。它在空间上是多侧面、多方位、多层次的，在时间上是多时段、多环节的，通过去粗取精，去伪存真，使思考范围慢慢缩小，使目标逐步清晰，使本质渐渐显露，最后探求出事物的原因和结果。

收敛思维是一种目标明确、有规律可循的思维，在选取最佳方案、探求相同原因、获取聚合效果等方面具有重要作用。在创新思维中，收敛思维也发挥着不可或缺的作用。

（3）逆向思维、反向思维。

逆向思维又称反向思维，是指与一般的、传统的或惯常的思维方向相反的一种思维，打破思维定式、思维习惯或以往的思维成果，突破经验思维的束缚。主要表现在：对事物作用过程的顺序、对事物发生的结果、对事物的某种条件、对处理事物的某种方式逆过来去思考。它是沿着事物发展的轨迹回溯探究，是与正向思维相反的一种思维方式，是逆着逻辑的常情、常规、常理而进行的思维。事物都有一定的惯常性，可是随着时空的转换、条件的变更，有些常理往往会把人们引入误区。所以应从一种现象的正面想到它的反面或按相反的方向行事，找准事物的对立面并以此为基点做反向运动。

逆向思维的特点是反传统、逆潮流、反其道而行之；从对立的、反向的方面去思考，从而提出新观点、产生新思路、得出新结论。如果没有反常思维，固守常理，困于常规，囿于常情，就很难冲出旧模式、旧框框，也就不可能有新思想、新观念。

要培养逆向思维，就要摆脱旧观念的束缚，多从一些反习惯、反常规、反传统的思路上考虑问题。如把上下、左右、是非、大小、内外、动静、快慢、轻重、有无、是否、正负、阴阳、好坏、主次等方面倒过来，可能会有新的收获。

（4）联想思维、想象思维。

联想思维也称想象思维，是人们由于一种事情的触发而迁移到另一种事情上的思维方式，对不同事物的内部联系进行形象化的类推、联想和重组。它源于某一具体现象，由此引出相关的想象，它能够克服两个概念的差距，并在某种意义上把它们联系起来，从而产生创造性的设想。联想思维有多种形式：对比联想、接近联想、相似联想、因果联想等。联想思维，能使人在开阔视野的同时，使思维轨迹向事物的本质延伸。日常生活中的触景生情、触类旁通而发生的联想思维，突出表现了联想思维活动的创造性。万事万物都有关联，横向联系与纵向联系交织在一起，构成了普遍联系的整体性。从局外的看似无关的信息也可以得到启示，进而发现解决问题的新途径。

（5）超前思维、前瞻思维。

超前思维又称前瞻思维，是指超越具体的时间、空间、客观事物，使思维进入新的境界，从而产生新观念、新思想。超前思维表现为一种超越某一特定阶段的洞识和远见。超前思维着眼于未来、向前看而产生预见、创见，不受限于眼前，不拘泥于现状，大胆设想，目光远大。

4. 创新思维系统

创新思维系统由知识因素、智力因素、心理因素、品德因素等组成。不同的因素在创新思维活动中扮演不同的角色，发挥不同的作用。

（1）知识因素。

知识是指人们在社会实践活动中所积累起来的关于客观事物的性质和变化规律的经验和认识。知识本质上是人类在社会实践活动中对自然客体和社会客体的内在本质和运动规律的正确反映。

知识的本质是关于客体结构的本质及属性的表征，对于主体具有新知性意义的、能够消除主体认识活动不确定性的信息。知识是创新能力的基础。

创新是以一定程度的丰富知识为基础的。任何创新活动都要有许多相关的知识或经验作为中介才能进行。丰富的知识会聚变成洞察问题的能力，在复杂多变的环境中有助于进行快速的思考和准确的判断。人们要进行创新活动，必须学习和掌握一定的知识，而且所掌握的知识越丰富，往往越能提高人的创新活动水平和越有利于充分发挥人的潜在的创造力。具有丰富知识的人，比只有某种知识的人更容易产生新的联想。

合理的知识结构同样重要。知识结构是指一个人为了某种目的而按一定的组合方式和比例关系所建构的、由不同种类的知识所组成的并具有开放、动态、通用和多层次特点的知识构架，包括扎实的基础知识、精深的专业知识、广泛的邻近学科的知识、发展新成就的知识和明确的创新目标，以及科学合理的知识布局等。

知识结构中基础知识与专业知识应有一个合理的匹配。基础知识是进行创新的前提条件。最有利于创新的知识结构是既具有较广博的基础知识，又具有很精深的专业知识。

（2）智力因素。

智力在本质上是人类认识和改造世界的能力，是指人认识客观事物并运用知识解决实际问题的能力，集中表现在反映客观事物深刻、正确、充分的程度上和应用知识解决实际问题的速度与质量上，通过改变、记忆、想象、思考、判断等表现出来。智力是在人类知识经验和所从事的活动中发展的，它是激活知识的能力。智力的基本要素包括思维力、观察力、记忆力、注意力、想象力等。

思维力是智力活动的基础。在智力活动中，思维力是核心。没有思维活动，就不可能对事物的本质有清楚的认识。思维力在智力诸要素的系统中起着基础性的作用：一方面，其他诸要素都为它服务，为它提供加工信息的原料，为它提供活动的动力资源；另一方面，智力结构中的其他要素，只有围绕思维力才能有创新成果。

观察力是人们在对周围事物进行有目的、有计划的知觉过程中，迅速、全面、深入、准确地把握事物特征的才能。观察是知觉的一种特殊形式，它是有预定目的、有计划的、主动的知觉。观察是“思维的知觉”，也就是说，人的思维活动在观察中有着重要的作用。通过观察才能获得知识。科学发端于观察。人们对客观事物进行观察、记忆，客观事物在人们的大脑皮层留下痕迹，这些痕迹的加深就会形成深刻的印象。这个印象扩展开去，联想到新事物与新事物组合，在脑子里创造出新形象就是从印象扩展到想象的心理过程，也就是从观察到想象的过程。人们在学习研究中沿着这个过程开发，就能有所创造、有所发明。

记忆力是人脑反映经验的一种能力。一切智力活动都是从记忆开始的。现代信息加工理论把它看成人脑对输入的信息进行编码、贮存和提取的能力。一个人不断扩大自己的记忆范围，就是不断扩展知识。新的知识，只有当它能够在记忆中和已有的知识相联系时，才能更深刻地理解它，因而才能更好地记忆它。

注意力是心理活动对一定对象的指向和集中的能力，存在于感知、记忆、思维等基本心理过程中，它是意识的聚集。注意力有三种功能：1）选择功能，即心理活动选择有意义的、符合需要的、与当前活动任务相一致的各种刺激，避开或抑制其他无意义、附加的、干扰当前活动的各种刺激，圆满完成活动任务。2）保持功能。当大量外界信息进入感觉记忆后，每个信息单元只有经过注意才能转换成一种持久的形式从而得到保持。3）对活动的调节和监督功能。注意力对偏离目的的活动进行纠正，使活动沿着正确方向发展，还可根据活动要求转移和分配注意，提高效果。集中注意力能加深对所从事的活动及注意对象的理解，甚至灵感的产生也是注意力高度集中于创造的结果。促使灵感产生的原因之一是把全部的注意力集中在某个问题，直至达到沉迷的程度。

想象力是人脑对已有表象进行加工改造而创造新形象的能力，是形象化的、创造性的思维能力。想象力是使智力活动富有创造性的重要条件，是知识进化的源泉。想象力实际上就是一种形象思维能力，具有重要的功能。想象力是促使人的心理活动丰富和深化的因素，想象与感觉、知觉、记忆等心理活动紧密联系在一起，有助于人们更广阔、更深刻地认识世界。想象力是促使人们创造性地进行各种实践活动的必要条件。

（3）心理因素。

创新思维的心理因素包括：

第一，兴趣。

兴趣作为心理活动范畴，是指人对某一特定客体所产生的心理动力倾向性的积极态度，它表现为好奇心、爱好等复杂心理活动形式。古人云："知之者不如好之者，好之者不如乐之者。"兴趣是一种具有心理愉悦性、积极的心理态度。在创新活动中兴趣有发动作用，能启动、调整心理活动各种要素，形成创新心理活动，全力驱动和指向创新目标，不断进行创新活动。兴趣可以刺激、激发人的创新心理活动，使人进入兴奋、愉悦、紧张的自由状态，广泛、集中和稳定的兴趣有利于激发和强化个性的创新活动和行为。要求创新者必须知识丰富、兴趣广泛，这样才有利于拓展思路，发现更多的创新目标。

第二，自信。

自信是创造者处于良好创造状态的条件。自信能调动创造者的智力因素，为实现创新目标充分发挥智力效应。相反，自卑和缺乏自信，就会影响创新者才能的发挥。

第三，动机。

动机是指引人的活动去满足一定需要的意图、愿望、信念等。动机是行为的直接原因，是发挥人的积极性的一个重要方面，是人的行为和活动的直接推动力量。恩格斯说，“就单个人来说，他的行为的一切动力，都一定要通过他的大脑，一定要转变为他的意志的动机，才能使他行动起来”①。目标明确的动机还能通过不断强化，使创新活动持久而不间断地进行，并始终指向创新对象。

第四，意志。

意志是人克服心理阻力，调控心理活动，以便实现预定目标的心理活动的基本品质。它表现为人们为了达到预定目的，运用自己的智力和体力，自觉地进行活动，自觉地同困难做斗争。意志的表现形式有目的性、顽强性、果断性、自制性等。

第五，情感。

情感是人根据客观事物是否符合自己的需要而产生的态度的体验，也是人对客观事物的一种好恶倾向。情感是一切心理活动的背景，它能唤起、维持和引导活动的过程。作为创新思维活动的心理要素的情感，必须是积极饱满的，主要表现为具有积极、饱满的热情和理智、清醒的激情。热情是一种强有力的稳定而深刻的心理情感，具有持续性与行动

---

① 马克思，恩格斯. 马克思恩格斯选集：第 4 卷. 2 版. 北京：人民出版社，1995：251.

性的特点。积极、饱满的热情是进行创新活动的心理动力，它使人迷恋于创新活动，使人的注意力集中于创新的目标。激情是一种迅速、猛烈、短暂的心理情感。理智、清醒的激情能极大地激发创新意识和敏感性，并在理智的引导下充分调动创造力、提高创造效率。

（4）品德因素。

品德是个人依据一定的道德准则在思想和行动中体现出来的某些稳固的倾向和特征。高尚的品德是创新者的动力源。它是指导人们行为的一种无形的精神力量，对一个人的创新具有极其重要的作用。它能形成一个人的事业心、责任心和使命感等内在信念，以动机的形式参与人的创造性思维活动，激励人们为追求崇高的理想和一定的创新目标而辛勤地工作。

创新是发现、发明新事物、新方法的事业，它体现的不仅是创新者的天赋和才能，而且是一种社会责任。古今中外有成就的创新者大多是具有高尚情操的人，他们大多是为人类、为社会而进行创造性的劳动，而非为了一己之私利。所有有志于进行创新的人都必须树立为他人服务、为人民服务的高尚情操，只有这样，才能真正取得巨大的创新成果。①

（四）创新意识

创新意识是一种动力，整个创新就是在创新意识的支配下，实现新目标的思维活动和实践活动。要强化以下几种创新意识：

1. 前沿意识

创新就要超越，超越前人，超越自己，超越过去，引导未来，就是要占据前沿。因此，前沿意识必不可少。

创新不仅是手段和方法的革命，更是观念的革命。现在人们的思想十分活跃，有许多新观点。在现实生活中，很多情况下，换一个思路结果就会大不一样。如果说观念指导实践，那么思路则决定出路。

创新意识不是天生就有的，创新意识是后天通过有目的的培养而获

---

① 王伟光．创新与中国社会发展．北京：中共中央党校出版社，2003．

得的，这是教育的重要责任。培养创新素质至关重要的是培养创新意识。

创新也是分层次的，一般的改进也可以说是创新，但是当今国际竞争的制高点，是原始性的创新。创新意识、原始性创新思想与创新战略比经费与设备更具有决定意义。在激烈的智能竞争中，谁的创新意识和创新能力强，谁就将赢得主动。

2. 探索意识

具有创新思维的人，能提出探索性问题，能发现被别人忽视的新生长点，能以创造性的方式运用知识。

创新必须勇于探索，敢于挑战，敢于提出新的思想，同时不怕失败。创新肯定会有失败，对于创新者来说要不怕失败，对于社会来说要允许失败，不以成败论英雄。在硅谷，其氛围就是提倡创新，允许失败。投资方看你的申请项目，不只看你的学历，更重要的是看你的经历。有些人失败过，却更受重视，这就是一种不同的观念。因为“失败乃成功之母”这样的信念支持着他们。失败者的经验是宝贵的，没有任何利害得失能够阻碍他们创新。没有强烈的探索意识，便不能运用发散性思维获得“猜想”，创新活动便无从谈起。

3. 批判意识

创新意识是一种怀疑意识、批判意识，是一种不安于现状的求精意识，是一种好奇心。不能人云亦云，要勇于怀疑、批判，破旧立新。爱因斯坦说：“如果让一位普通人在一个干草垛里寻找一根针，那个人在找到一根以后就会停下来；我则会把整个草垛掀开，把可能散落在草垛里的针全部找出来。”墨守成规的思维只能指导重复操作，应该指导人们摒弃那种依赖相同的程序解答各种问题的保守做法，树立敢为天下先的雄心，冲破创造发明高不可攀的思维定式，从而激发人们的创新积极性。

有的权威建议会阻碍人的思考，缺乏批判性甚至使人连事实也不敢承认，当然谈不上什么发明创造了。理性的怀疑是有根据的怀疑，不是“怀疑一切”。没有理性的怀疑，怎么可能有创新？科学探索是永无止境的，任何事物都是发展变化的，人们没有理由迷信某种结论。人们的思维是很活跃的，对同一个问题往往有不同的见解，但是由于受传统思想的束缚，人们往往又比较胆怯，不善表白。应鼓励人们大胆地各抒己见，这不仅有利于启发人们的思维，也可使人们加深对知识的理解。应鼓励人们质疑问难，能提出问题的人往往是善于思考的。

4. 开放意识

在全球化时代，必须具有开放、开阔的胸襟，加强对外交流，融入全球化大潮中。迎接对外开放新阶段，开创对外开放新局面。

改革开放和市场经济的发展，给人们的生活环境、生活方式、价值观念等方面带来了深刻影响和巨大变化。面对新情况、新变化，必须不断创新，增强针对性、有效性和主动性。

习近平总书记指出："新时代的文化文艺工作者、哲学社会科学工作者明大德、立大德，就要有信仰、有情怀、有担当，树立高远的理想追求和深沉的家国情怀，把个人的艺术追求、学术理想同国家前途、民族命运紧紧结合在一起，同人民福祉紧紧结合在一起，努力做对国家、对民族、对人民有贡献的艺术家和学问家。"①

创新永无止境。文化创新与创新文化，引领人们走向新的境界！

① 习近平．一个国家、一个民族不能没有灵魂．求是，2019（8）．

参考文献

欧阳坚，丁伟，等．国际文化发展报告．北京：商务印书馆，2005

中宣部文化体制改革和发展办公室．文化体制改革经验 100 例．北京：学习出版社，2009

王文章．中国先进文化论．北京：文化艺术出版社，2004

韩永进．新的文化发展观．北京：文化艺术出版社，2006

陶国相．科学发展观与新时期文化建设．北京：人民出版社，2008

罗争玉．文化事业的改革与发展．北京：人民出版社，2006

周向军，李春明，等．科学发展观·文化建设论．济南：山东人民出版社，2008

刘彦武．发展文化学：一门建设中的学科．北京：中央编译出版社，2009

许明，花建．文化发展论．北京：北京大学出版社，2005

林国良，周克平．当代文化行政学．上海：上海大学出版社，2002

孙萍．文化管理学．北京：中国人民大学出版社，2006

李昆明，王缅．大国策：通向大国之路的中国文化发展战略．北京：人民日报出版社，2009

邓显超．中国文化发展战略研究．南昌：江西人民出版社，2009

张岱年，等. 文化的冲突与融合. 北京：北京大学出版社，1997

张岱年. 文化与价值. 北京：新华出版社，2004

黄楠森，等. 有中国特色社会主义文化研究. 济南：山东人民出版社，1999

费孝通. 费孝通论文化与文化自觉. 北京：群言出版社，2007

汤一介. 新轴心时代与中国文化的构建. 南昌：江西人民出版社，2007

金克木. 文化的解说. 北京：中国人民大学出版社，2007

陶东风. 文化研究：西方与中国. 北京：北京师范大学出版社，2002

罗钢，刘象愚. 文化研究读本. 北京：中国社会科学出版社，2000

杜长胜. 中国社会主义文化事业建设论纲. 北京：文化艺术出版社，1994

李道中. 中国特色社会主义文化. 北京：经济科学出版社，1998

罗文东. 中国特色社会主义文化理念论. 北京：中国法制出版社，2003

杨立新. 当代中国先进文化建设论. 北京：中国社会科学出版社，2004

邓安庆，邓名瑛. 文化建设论：中国当代的文化理念及其系统构建. 长沙：湖南人民出版社，1998

谢洪恩，等. 社会主义先进文化论. 成都：四川人民出版社，2002

叶南客，等. 文化中国：先进文化的建设与创新. 南京：南京大学出版社，2004

舒扬. 当代文化的生成机制. 北京：中央编译出版社，2007

许明，等. 当代中国的文化发展. 北京：中国大百科全书出版社，2008

宣兆凯，等. 中国社会价值观现状及演变趋势. 北京：人民出版社，2011

商尔刚，等. 文化管理学初探. 北京：文化艺术出版社，1991

张西立. 文化建设与和谐社会. 杭州：浙江人民出版社，2007

李洪峰. 文化价值. 北京：文物出版社，2008

曹世潮. 文化战略. 上海：上海文化出版社，2001

胡惠林. 文化政策学. 上海：上海文艺出版社，2003

祁述裕，等. 中国文化政策研究报告. 北京：社会科学文献出版社，2008

黄飚. 文化行政学. 上海：上海文艺出版社，2003

翟信斌. 文化行政管理学概论. 武汉：武汉大学出版社，1991

程恩富. 文化经济学. 北京：中国经济出版社，1993

于洪杰，张明剑. 文化法学. 济南：山东人民出版社，1994

李霞. 文化艺术法学概论. 北京：中国文联出版公司，1998

司马云杰. 文化社会学. 北京：中国社会科学出版社，2001

郑永富. 群众文化学. 北京：中国国际广播出版社，1993

黄凯锋. 解放文化生产力：文化管理体制的价值分析. 上海：上海人民出版社，2005

刘玉珠，柳士法. 文化市场学. 上海：上海文艺出版社，2002

刘玉珠. 2003中国文化市场发展报告. 北京：新华出版社，2004

方家良. 文化市场管理学. 上海：上海交通大学出版社，1991

胡惠林. 文化产业学. 北京：高等教育出版社，2006

花建，等. 文化产业竞争力. 广州：广东人民出版社，2005

胡惠林. 文化产业发展与国家文化安全. 广州：广东人民出版社，2005

孙安民. 文化产业理论与实践. 北京：北京出版社，2005

欧阳友权. 文化产业通论. 长沙：湖南人民出版社，2006

徐浩然，雷琛烨. 文化产业管理. 北京：社会科学文献出版社，2006

邹广文，徐庆文. 全球化与中国文化产业发展. 北京：中央编译出版社，2006

欧阳坚. 文化产业政策与文化产业发展研究. 北京：中国经济出版

社，2011

叶朗．中国文化产业年度发展报告（2011）．北京：北京大学出版社，2011

张晓明，等．2011 年中国文化产业发展报告．北京：社会科学文献出版社，2011

王列生，等．国家公共文化服务体系论．北京：文化艺术出版社，2009

韩永进，等．2006—2007 中国文化创新年度报告．北京：科学出版社，2008

于平，傅才武．中国文化创新报告（2011）．北京：社会科学文献出版社，2011

刘永佶．中国文化现代化．保定：河北大学出版社，1997

俞思念．社会主义现代化与文化创新．北京：人民出版社，2006

王玉德．文化学．昆明：云南大学出版社，2006

陈建宪．文化学教程．武汉：华中师范大学出版社，2004

陈华文．文化学概论新编．北京：首都经济贸易大学出版社，2009

林坚．文化学研究引论．北京：中国文史出版社，2014

林坚，等．创新理论与实践概论．北京：中国传媒大学出版社，2011

林坚．文化学研究的状况和构架．人文杂志，2007（3）

林坚．文化学学科体系与理论构架初探．中国社会科学院院报，2007-04-24

林坚．“文化学”的历史考察．社会科学报，2007-05-24

林坚．文化传统与文化创新//闵家胤．社会-文化和遗传基因（S-cDNA）学说．桂林：漓江出版社，2012

林坚．文化学研究：何以成立？何以为用?．探索与争鸣，2012（10）

林坚．文化体制改革和党的领导//全国党史文化论坛文集：第 4 册．北京：中共党史出版社，2013

林坚. 对“文化”概念的梳理和解读. 文化学刊，2013（5）

林坚. 文化与文明：界定、联系、区别. 文化学刊，2014（5）

林坚. 文化治理的社会系统工程视角分析. 北京文化创意，2015（3）

林坚. 文化治理是国家治理体系的重要组成部分. 中国领导科学，2015（7）

林坚. 中国共产党文化观的演进//第二届全国党史文化论坛文集. 北京：中共党史出版社，2015

林坚. 城市文化与文化城市. 瞭望新闻周刊，2013（51）

林坚. 总体设计推进国家治理体系现代化. 学习时报，2014-04-21

林坚. 文化安全问题应引起高度关注. 瞭望新闻周刊，2014（32）

林坚. 新媒体对文化生态的影响. 瞭望新闻周刊，2014（36）

林坚. 春节的文化意蕴. 瞭望新闻周刊，2015（7-8）

林坚. 加强协同创新　推进智库建设. 中国科学报，2015-11-20

林坚. 智库建设对学术界的意义略论. 国家治理周刊，2015（68）

林坚. 更加重视人文社科成果转化. 人民日报，2015-12-25

林坚. 推进文化治理现代化的路径探析. 国家治理周刊，2015（25）

林坚. 建设中国特色新型智库的全局思考. 国家治理周刊，2016（16）

林坚. 文化概念演变及文化学研究历程. 文化学刊，2007（4）

林坚. 文化学：开拓跨学科研究领域//刘仲林. 中国交叉科学：第2卷. 北京：科学出版社，2008

林坚，周传龙. 我国“文化学”著作透视. 文化艺术研究，2009（1）

林坚. 从系统科学的观点看构建和谐社会. 系统科学学报，2009（1）

林坚. 马克思主义理论的学科结构新探. 探索与争鸣，2009（5）

林坚. 从整体性、逻辑性和文明体系的协调看科学发展观. 新视野，2009（3）

林坚，欧阳首承. 和谐文化论析. 辽东学院学报（社会科学版），

2010（2）

冯景源，林坚．社会主义核心价值体系的基础、内容及意义．江淮论坛，2010（2）

林坚．马克思主义视野中的文化思想．人文杂志，2011（1）

林坚．文化治理的社会系统工程视角分析．北京文化创意，2015（3）

联合国教科文组织．世界文化发展报告：文化、创新与市场（1998），世界文化发展报告：文化的多样性、冲突与多元共存（2000）．北京：北京大学出版社，2002

联合国教科文组织，世界文化与发展委员会．文化多样性与人类全面发展：世界文化与发展委员会报告．广州：广东人民出版社，2006

拉兹洛．多种文化的星球：联合国教科文组织国际专家研究报告．北京：社会科学文献出版社，2004

亨廷顿，哈里森．文化的重要作用．北京：新华出版社，2002

格尔兹．文化的解释．上海：上海人民出版社，1999

萨义德．文化与帝国主义．北京：生活・读书・新知三联书店，2007

费斯克．理解大众文化．北京：中央编译出版社，2006

麦奎根．文化研究方法论．北京：北京大学出版社，2011

麦奎根．重新思考文化政策．北京：中国人民大学出版社，2010

比默，等．跨文化沟通．大连：东北财经大学出版社，2011

罗伯森．全球化——社会理论和全球文化．上海：上海世纪出版集团，2000

马林诺斯基．科学的文化理论．北京：中央民族大学出版社，1999

默克罗比．后现代主义与大众文化．北京：中央编译出版社，2001

多洛．个体文化与大众文化．上海：上海人民出版社，1987

拉德布鲁赫，等．社会主义文化论．北京：法律出版社，2006

艾德，等．经济、社会和文化权利教程．成都：四川人民出版社，2004

谢弗．文化引导未来．北京：社会科学文献出版社，2008

汤林森．文化帝国主义．上海：上海人民出版社，1999

BRAUDEL F. A history of civilization. London：Allen Lane the Penguin Press，1994

WATERS M. Globalization. London and New York：Routledge，1995

SULLIVAN T O. Key concepts in communication. New York：Methuen & Co.，1985

SCHILLER S I. Communication and cultural domination. New York：White Plains，1976

ROTHKOPF D. In praise of cultural imperialism. Foreign Policy，1997（107）

UNESCOPRESS. First global report：evaluating the impact of the convention on the protection and promotion of the diversity of cultural expressions，2015（16）

KOOIMAN J. Modern governance：new government-society interactions. London：Sage，1993

ROSENAU J N. The governance in twenty-first century. Global governance，1995（1）

RHODES R A W. New governance：the management without government. Political research，1996（154）

STOKER G. The governance as a theory：the five arguments. The international social science，1999（2）

FOUCAULT M. Security，territory，population：lectures at the College，de France，1977－1978. Basingstoke and New York：Palgrave Macmillan，2009

BENNTT T. Putting policy into cultural studies//GROSSBERG L，et al. Cultural studies. New York and London：Routledge，1992

后　记

我从事文化研究已有 20 多年。从企业文化、城市文化研究开始，切入“文化学”的研究，逐步扩展到大学文化、战略文化、民俗文化、生态文化、森林文化、地域文化、姓氏文化、宗族文化、宗教文化、学术文化、国际文化比较等等。近年来发表相关论文数十篇，出版《从书海到网路：科技传播的演进》《创新整合论：科技创新与文化创新的整合机制》《企业文化修炼》《三星文化》《生态文明建设教程》《人文大师：奠基性研究与创新方法》《文化学研究引论》等著作。研究成果引起一定社会关注。

2014 年我开始在中国人民大学国家发展与战略研究院从事智库研究，主持专题研究报告《文化治理在国家治理体系中的地位和作用》、《当代中华文化海外传播的影响力分析》（中央社会主义学院统战高端智库委托课题）、《如何讲好中国故事，传播好中国声音，提升中国话语国际影响力》、《如何更好地实现对外文化交流、文化传播和文化贸易的融合推进》（中央宣传部委托课题）等，承担年度研究报告《提升文化软实力，增强国际影响力》等。2018 年申报国家社会科学基金研究项目，“文化学学科体系建构研究”获得立项（项目批准号 18BZX015）。

本书旨在系统研究文化治理与文化创新，确定文化的定位与定向，阐述文化自觉与文化自信，分析文化系统的结构和模式、文化形态和功能，解析文化治理，把文化治理放在国家治理体系中认识；全面梳理中国共产党的文化观，阐述社会主义文化建设的指导思想、目标、方针，分析社会主义核心价值体系；针对文化体制的问题提出改革方略，剖析文化传统与文化遗产，描述文化冲突，解析文化安全与文化全球化问题，阐释文化创新和创新文化。

感谢中国人民大学国家发展与战略研究院和中国人民大学出版社，把本书列入“国家发展与战略丛书”。感谢责任编辑徐小玲认真细致的工作。

在研究过程中，我深切地感到，文化研究蕴藏着丰富的矿藏，值得深入开掘，孕育着诸多新的学科生长点；各个领域、各个门类的文化实践需要认真总结、系统梳理，在理论上进行提升，需要更多的人参与其中，以取得更多的成效。

林　坚